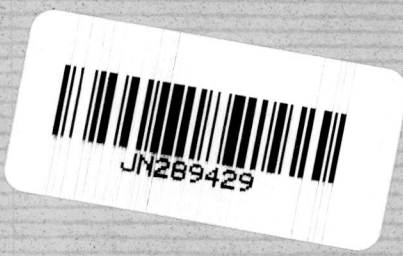

CD《ブック》 声に出して読みたい方言

齋藤孝

草思社

この本でとりあげた方言

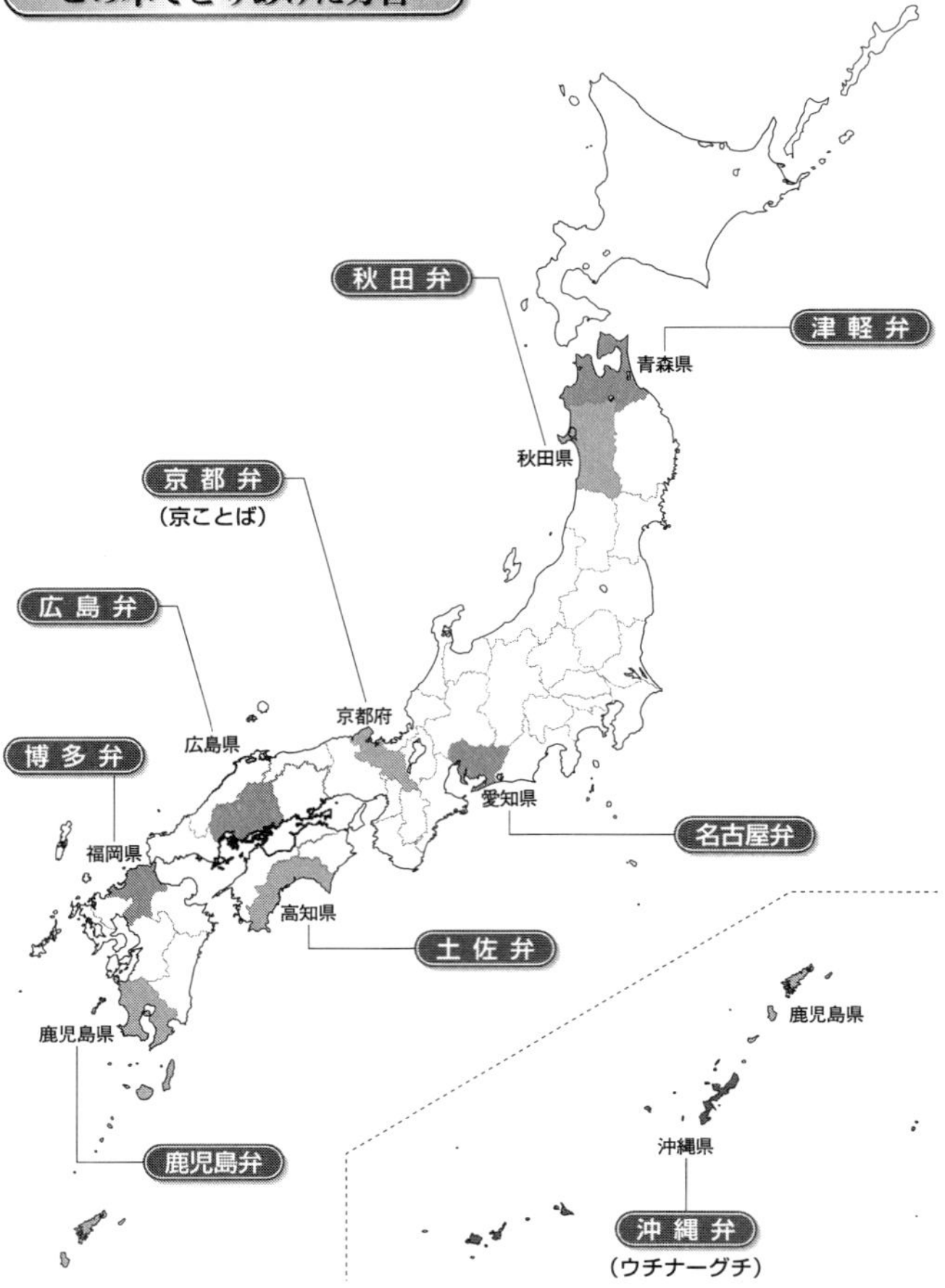

ＣＤブック　声に出して読みたい方言■もくじ

目次、および本文の作品名の下にある3などの白抜き数字は添付のＣＤのトラック番号を示しています。

詳細は巻末に記載してあります。

はじめに――方言の身体と効能

方言こそ日本語の王道

いま、深刻な事態が日本語において進行している。

方言の急速な衰退だ。

先ごろ、日本の野生のトキがついに絶滅した。トキが絶滅の危機に瀕していることは以前から報道されており、皆の知るところであったが、言葉の衰退は一見ひじょうに緩慢であるためその絶滅は注目されにくく、危機感をもつ人も少ない。

しかし、方言の衰退は急速に進んでいる。現在、八十代の方が話している方言のほんの一部しか、若い人は話すことができないのが実情だ。今回、夏目漱石の『坊っちゃん』を鹿児島弁で収録したが、これを二十歳前後の鹿児島出身の学生に音読してもらおうとしたところ、できないという。もうすでに使われなくなってきている方言の言葉があまりにも数多くあってリズムがつかめないというのがその理由だった。方言の単語一つひとつを野生の動物種にたとえれば、この半世紀のあいだに絶滅した種は膨大な数にのぼる。

私は二十一世紀の美しい日本語は方言だと考えている。方言には力強さや温かみがある。私の考える美しい言葉の基準は、その言葉に「身体感覚」がどれだけ染み込んでいるかということだ。

その点、方言にはその土地の風土が色濃く染み込んでいる。人間が五官で感じる感覚が言葉に込められている。においや手ざわり、からだの躍動感や空気——長い年月をかけて、それぞれの土地の風土においてつくりあげられてきた身体の感覚が言葉の中にしっかりと刻み込まれているのだ。

これは大変な文化遺産である。身体の感覚は形に残りにくい。感覚は自然なものではなく、文化的なものだ。身体の感覚には、数千年、数万年の歴史の積み重ねがある。たとえば古代や中世の日本人の身体感覚を知ろうとすれば、言葉が大きな手がかりとなる。言葉から、その当時生きていた人間の感覚を知ることができるのだ。だから言葉が失われてしまうということは、感覚の継承の大きな道筋が一つ断たれることを意味する。言葉が伝えられることで感覚も継承されるのである。

私は静岡県の出身だが、静岡はそれほど方言の強いところではない。とはいっても、私の言葉はアクセントがちがっていたり、語尾が妙に緩《ゆる》かったりして、ときどき人から変だと言われる。自分ではたいして方言の影響を受けていないと思っているので、かえって直らない。私の小学生時代、木造校舎の廊下の壁には「ろうかを飛ぶな！」と張り紙がしてあった。静岡では走ることを「飛ぶ」と言うのが当たり前であった。「席を確保しておいて」という意味のことを「席をばっといて」と言った。鍵は「かける」のではなく「かう」と言った。東京に出てきてはじめて、これはおかしいらしいと気づく言葉がたくさんあった。

現在はテレビが全国隅々にまで浸透し、若い人は誰でも標準語を話せる時代になっている。そのぶん方言の継承は弱くなってきている。私が幼いころは、静岡の方言である「……ずら」を使う人がたくさんいた。しかし、私の世代では「ずら」を使うことはほとんどなかったように思う。

方言には地方の風土と身体感覚が溶け込んでいると言ったが、このことをよく示しているのは、私にとっては「みるい」という言葉だ。私は子どものころから体が小さめで幼い顔立ちをしていたので、よく「みるいねえ」と言われた。この「みるい」という言葉は、お茶の葉がまだ若く、柔らかい状態のことを言う。手で触ってもんでみて柔らかく感じた感覚が「みるい」という言葉には込められている。

それにくらべて標準語には方言の持つ温かみが欠けている。からだが揺さぶられる感じがしない。生きて働く身体の感覚が欠如しているのだ。こうした標準語を中心に全国各地で言葉の習得がおこなわれてしまうと、身体感覚も自然と浅薄なものになってくる。

二十一世紀は「差異」が価値となる時代だと私は考えている。統一された規格が強みを発揮すればするほど、私たちは微妙な差異を楽しみたいという欲求に駆られている。その点、方言には膨大な差異がある。

「さようなら」という言葉ひとつにしても、日本列島の北から南まで、まったく異なる言葉が存在する。そうした「さようなら」の方言だけを集めて収録したテープもあるほどだ。私はこの「さようなら」の方言を集めたテープを詩人の川崎洋さんとトークショーでご一緒したときに聞かせていただいた。川崎さんは『方言の息づかい』『方言再考』（いずれも草思社刊）という方言の本も書いておられる。

方言に注目している文学者も少なくない。井上ひさしさんや、名古屋弁の清水義範さんの仕事はよく知られている。本書では、活字での表現に加えて、ＣＤを添付して言葉のリズムとともに方言を収録した。方言はなにより音声で味わうものだと考えたからである。

身体のモードチェンジ

私が今回、方言のＣＤブックをつくろうと思い立ったきっかけは、大阪寝屋川《ねやがわ》市の小学校の国語の授業を見せていただいたことだった。本書に収録した斎藤隆介さんの『八郎』（福音館書店）が小学校二年の教材とされていたのだが、驚くべきことに、この秋田弁で書かれた『八郎』の全文をクラスの全員がほぼ完全に暗誦していたのだ。授業がはじまるにあたって、全員が起立し、暗誦していく。それは奇跡の光景といっても大げさではなかった。今回、本書のCDに収録した『八郎』は全文ではないことを思うと、人間、とくに子どもの暗誦能力には恐るべきものがあると感動した。

この国語の授業でインパクトを受けたのは、暗誦の力だけではない。秋田の方言を大阪の子どもがからだに染み込ませているということがおもしろかった。担任の先生がおっしゃるには、「うちの子たちは秋田の子なんです。遊んでいるときも『おら、さみぃ（寒い）』と言っています」ということだ。大阪は方言の強いところだ。その子どもたちが秋田の方言を身につけている。これはまことに興味深い。

身体のモードチェンジ――私はこのテーマをずっと追求してきている。寝屋川市の小学校の国語の授業で起こっていることは、まさに「大阪弁の身体」から「秋田弁の身体」へのモードチェンジだ。たんに秋田弁の単語を知っているというだけではなく、それ以上に大切なのが、秋田弁のリズムやイントネーションだ。抑揚やテンポが大阪弁と秋田弁ではまったくちがっているからだ。

これまでは、それぞれの地にあって自分たちの方言を大切にするというところまでが限界だったように思う。私が提唱したいのは、自分の生まれた土地の方言だけでなく、ほかの土地の方言を練習して、抑揚などを身につけてしまうということだ。この身体のモードチェンジによって、私たちの心とからだは解放される。

私は本書のCDを作成するにあたって、収録にすべて立ち会った。そこで感じたのは、どの方言も恐ろしく魅力的だということである。収録に立ち会っているうちに、知らず知らずにその方言の身体になってしまう。収録後もしばらくはそれが抜けない。方言のもつ強烈な魅力がこちらの身体に染み込んできてしまったのだ。方言の持つ身体感覚が、こちらの身体を揺さぶり起こしたともいえる。

方言というのはおもしろいもので、相手が標準語で話していると出てきにくい。東京では友だちと標準語で話しているのに、ふるさとの実家に電話をかけると突然、方言でしゃべり、方言の身体に変わる。方言丸出しで話しだす友だちや恋人たちを見て唖然とした経験を持つ人も少なくないだろう。逆にいえば、方言で語り合っていないということは、その人の持つ大切なものをまだわかっていない段階にあるともいえる。

　地方出身の学生に、「みんなの前で少し方言を話してほしい」と要望すると、「うまくできません」と答える学生が多い。標準語が支配的な空気のなかでは話しにくいのだ。そんな学生たちも、同じ方言を話してくれる相手がその場にいると話せるというのだ。ところが、おもしろいことに、下宿や寮などで別々の地方出身者が集まったときには、それぞれがそれぞれの方言で話すこともあるという。標準語で話している人間に対して方言で話しつづけることはむずかしいが、それぞれちがう方言であっても、方言同士ならば妙にモードが合う。これは、標準語のモードと方言のモードの間には、はっきりとした境界線が引かれていると考えていいだろう。

　もちろん、本書のCDを聞いていただけばはっきりとわかるように、それぞれの方言にはそれぞれの身体のモードがある。それを楽しむのがこの本のねらいなわけだが、まずは標準語の身体モードから方言の身体モードへとチェンジすることが先決だ。この大きな川を渡ることで、あとは存分に、方言の世界に浸《ひた》ることができる。

　身体のモードチェンジという考え方については、私はすでに『からだを揺さぶる英語入門』（角川書店刊）という本で提唱した。ポイントはこうだ。日本語を話すときの身体と、英語を話すときの身体とは根本的にちがっている。英語のほうが抑揚の大きな身体だ。したがって、言葉のレベルだけではなく、まずは身体のモードを変えてみよう、というのがこの本のねらいだった。英語のほうが抑揚が大きいので、軽くジャンプしてからだをほぐしてから英語を言ってみる。私は私塾「齋藤メソッド」で小学生たちに、まずはからだを揺さぶってリラックスしてもらってから英語を暗誦してもらっている。そうすると、ただ座っているときよりもずっとリズムが英語らしくなってくる。『からだを揺さぶる英語入門』のCDに収録したマザーグースの「ハンプティ・ダンプティ」などは、まさに軽くジャンプしながら言うのにふさわしい。

一方、英語を母国語とする外国人が日本語をうまく話すには、なるべく抑揚をつけないようにするのがポイントなのだという。できるだけ平板に、フラットに抑揚なく話すようにしたところ「上手な日本語だ」と急にほめられるようになったという話も聞いた。言葉の一つひとつ以前に、身体のモードが日本語と英語とではちがうのだ。

それと同じことが方言と標準語に関しても言える。方言を話すときの身体は標準語とはちがう。方言と標準語の両方を話すことのできる人は、いわばすでにバイリンガルといえよう。言語の性質に応じて身体のモードチェンジをした経験をすでに持っているのだ。とすると、方言から標準語へのモードチェンジを経験した人は英語の身体へのモードチェンジもよりスムーズなはずだ。少なくともそうした同じモードチェンジをすればいいのだと気づくことで、言葉へのなじみ方は速くなる。

言語に応じて身体のモードは異なる。私が聞いた話では、ロンドンで仕事をしている日本人のなかで、東京から来た人と大阪から来た人がいるとすると、長く居つづけるのは大阪人だという。大阪の人は、ロンドンの町や人に自分からどんどん溶け込んでいくのだという。大阪弁の持つ勢いが、そうした積極性をつくりあげているのではなかろうか。全体に西のほうの言葉は強い。東北出身の学生が、「東京に出てきてみて、関東の人間にはまったくコンプレックスを感じなかったが、西の人間にはやられたと思った」と言っていた。ガーッと押してくる強さが西の言葉にはある。本書のＣＤによって、それぞれの方言が持っている「味」を楽しんでいただきたい。

方言の持つ効能

今回は編集にあたって、方言を「温泉」ととらえてみた。そこには、土地土地の方言にからだごとつかってみてほしいというねらいが込められている。方言という湯につかることで、それぞれのお湯がもつ効能の恩恵にあずかれる。鹿児島弁の湯につかるのと、秋田弁の湯につかるのとでは、効果がちがってくる。からだに作用する効能がちがうのだ。だから、気分や体調に合わせて、方言を選んで聞いてみてほしい。一度聞くだけではなく、何度も聞くと、温泉の効能はより高くなる。というのは、方言も一つの「技」であるからだ。何度も身体に染み込ませていくと、やがて自転車に乗る技術のように技になってくる。繰り返し聞いていると、からだが湯になじんできて、方言の効能が感じられるようになるだろう。

今回のCDの収録は、演劇の世界の人たちを中心として、方言の朗読に関しては一流の方たちにお願いした。みなさん収録前は穏やかなのだが、いざ本番となると、身体のモードががらっと変わって、がぜん迫力が出てくるのであった。まるで別人になってしまう人もいた。「方言の身体」の持つエネルギーのすごさを感じた。そうした「方言の身体」のエネルギーを、この「方言の湯」につかって感じてほしい。

お断り

方言のテキストで一部、活字が小さくなっている箇所がいくつかありますが、この部分は添付のＣＤで録音を割愛させていただいた箇所です。ご了承ください。

「広島弁の湯」の効能

開き直った肚《はら》のある身体になる。

「いまとなっちゃあ、自分《わし》ゃあ、完全《かんぜん》に、人間《にんげん》じゃ無《の》うなってしもうた。」

（人間失格）

――朗読　鈴木伸也

広島弁【人間失格《にんげんしっかく》】3

恥《はじ》の多《おお》い生涯《しょうがい》を送《おく》って来《き》たんじゃ。

自分《わし》にゃあ、人間《にんげん》の生活《せいかつ》いうもんが、見当《けんとう》がつかんのよ。

（中略）

何《なん》でもええけ、笑《わら》わしときゃええんじゃ。

太宰治《だざいおさむ》『人間失格』

恥の多い生涯を送って来ました。

自分には、人間の生活というものが、見当つかないのです。

（中略）

何でもいいから、笑わせてお

ほいたらの、人間《にんげん》いうもんは、自分《わし》が彼等《あんなら》の所謂《いわゆる》「生活《せいかつ》」より外《ほか》にあっても、あんまりそれを気《き》にせんのんじゃないかのう。まあとにかく、彼等人間《あんならにんげん》どもの目障《めざわ》りになっちゃあいけんのよ、自分《わし》ゃあ無《む》じゃ、風《かぜ》じゃ、空《そら》じゃ、ちゅう、そういうような思《おも》いばっかりがわいてきてのう、自分《わし》が道化者《どうげもん》に化《ばけ》て家族《いえのもん》を笑《わら》わして、また、家族《いえのもん》より、もっとよう分《わ》からん、いびせい下男《げなん》や女中《じょちゅう》にまで、必死《ひっし》になって道化《どうげ》ぶりゅうしてサーヴィスをしたんじゃ。

ればいいのだ、そうすると、人間たちは、自分が彼等の所謂「生活」の外にいても、あまりそれを気にしないのではないかしら、とにかく、彼等人間たちの目障りになってはいけない、自分は無だ、風だ、空《そら》だ、というような思いばかりが募り、自分はお道化に依って家族を笑わせ、また、家族よりも、もっと不可解でおそろしい下男や下女にまで、必死のお道化のサーヴィスをしたのです。

（中略）

人間《にんげん》、失格《しっかく》。

いまとなっちゃあ、自分《わし》ゃあ、完全《かんぜん》に、人間《にんげん》じゃ無《の》うなってしもうた。

（中略）

いま自分《わし》にゃあ、幸福《しあわせ》も不幸《ふしあわせ》もありゃせんよう。

ただ、すべてのもんは過《す》ぎてしもうた。

（中略）

人間、失格。

もはや、自分は、完全に、人間で無くなりました。

（中略）

いまは自分には、幸福も不幸もありません。

ただ、一さいは過ぎて行きます。

自分《わし》やあ、いままで叫《さけ》び悲《かな》しむような世界《せかい》で生《い》きて来《き》たんじゃが、その所謂《いわゆる》「人間《にんげん》」の世界《せかい》のなかで、たった一《ひと》つ、真理《ほんま》らしゅう思《おも》われたんは、それだけじゃった。

ただ、みんな過《す》ぎ去《さ》ってしもうた。

自分《わし》やあ、ことしゃあ、二十七《にじゅうしち》じゃ。白髪《しらが》もえっとうふえてきたもんじゃけ、たいがいの者《もん》にゃ、四十以上《しじゅういじょう》に見《み》らるんじゃ。

自分がいままで阿鼻叫喚で生きて来た所謂「人間」の世界に於いて、たった一つ、真理らしく思われたのは、それだけでした。

ただ、一さいは過ぎて行きます。

自分はことし、二十七になります。白髪がめっきりふえたので、たいていの人から、四十以上に見られます。

（太宰治『人間失格』新潮文庫より）

【広島弁の効能】 開き直った肚《はら》のある身体になる

広島弁は映画『仁義なき戦い』シリーズで全国的に知られるようになった。この映画を観て、なんともすごみのきいた言葉だという印象を皆が持った。私もこの映画を観たあとは、少し広島弁がうつってしまい、軽く使ってみたが、まったく似合わなかった。しかし、少し言ってみるだけでも、まったく違った身体になる気がした。怖さやすごみが出て男っぽい感じになるのだ。

今回、広島弁を収録するにあたって、テキストをあれこれ探したが、思い切って『人間失格』を広島弁でやることにした。太宰治のつくりあげた精神世界とはまったく違う世界ができあがるのではないかと期待したのだ。

結果は予想どおり、『人間失格』のもつ独特の空気はどこかに消し飛んでしまった。『人間失格』を貫いている自己否定の雰囲気がないのだ。広島弁で語ると、簡単に言えば、どこか開き直った身体になるのである。

鈴木伸也さんの朗読は、『仁義なき戦い』に見られるような激しいすごみのあるものではない。すごんでいるばかりが広島弁ではない。CDを聞くとおわかりいただけると思うが、その広島弁には響きを残した緩《ゆる》やかさがあり、感情を包み隠すことなく、言葉の一つひとつに感情が乗っているのである。

非常におもしろかったのは、鈴木さんが朗読に入ると別人のようになられたことだ。鈴木さんはふだんの話し言葉は標準語で、謙虚で折り目正しい、穏やかな雰囲気の方なのだが、広島弁の語りにはいると、とたんに身体全体に迫力が出てくるのだ。それはまさに身体のモードチェンジを目の当たりにするようであった。

自信がなく、ぐじゅぐじゅした気分のときには、広島弁のモードになってみるといいのではなかろうか。

「博多弁の湯」の効能

お祭りのときの沸き立った身体になる。

「けなとこで立《た》ちしょうべんしたら　いけめいもん。」（博多にわか『一口にわか』）

「えー、この毛布屋《もうふや》、とーだい出《で》とうとよ。とーだい。」（香具師《やし》口上『毛布売り』）

――口演・口上　小松政夫

博多弁（博多にわか）【一口《ひとくち》にわか】5

「和尚《おしょう》さんな、もーし。粗相《そそう》して、太鼓《たいこ》ばやぶいてしまいました。

こらえてつかーさい」

「いや、そらならん」

＊

「絵描《えか》きさんな、もーし。清水《しみず》の次郎長《じろちょう》の絵《え》

「和尚さん、粗相をして、太鼓を破いてしまいました。

勘弁してください」

「いや、それは（勘弁）鳴《な》らない」

「絵描きさん、清水の次郎長の

はいつ描《か》いちゃらっしゃーとですか？」

「今日《きょう》、描《か》く」

＊

「こらこらこら、あんたそこでなにしよっとな。けなとこで立《た》ちしょうべんしたら　いけめいもん」

「どうもすんましぇーん、巡査《じゅんさ》さん。またからしません」

＊

「おい、こらこらこら、子供《こども》が木登《きのぼ》ってなん

絵はいつ描くつもりですか」

「今日描く（俠客《きょうかく》）」

「こらこら、そこでなにをしているのか。そんなところで小便をしてはいけないぞ」

「どうもすみません、巡査さん。また（股《また》）しません」

「おい、こら、子供が木に登っ

ばとりよっとか。
したは池《いけ》やけ、あぶなかろーが。
ほーら、おちた。ざぼーん」

＊

「あんたたちゃー、毎年《まいとし》、夫婦《ふうふ》そろうて　どんたくへ参加《さんか》なさるが、
今年《ことし》もやっぱりおそろいな？」
「そりゃー、決《き》まったこったい。博多《はかた》っ子《こ》じゃもん。
毎年《まいとし》、かかさんと出《で》る」

て何をしているんだ。
木の下は池だから、危ないじゃないか。
ほーら落ちた。ざぼーん（果物のザボン）」
「あんたたち夫婦は毎年そろって博多どんたくに参加されるが、
今年もやっぱりおそろいで参加されるのかい」
「そうに決まってます。博多っ子ですから。
毎年、欠《か》かさん（母《かか》さん）と出ています」

＊

初詣《はつもうで》で今年《こ とし》の税金《ぜいきん》の安《やす》うなりますことをて
神様《かみさま》にお願《ねが》いしたら、
神主《かんぬし》さんがごへいば持《も》って出《で》てきて、
「どげん言《い》わっしゃったとや？」
「はらいたまへ」

＊

「かあちゃん、
きのうもろうた　お菓子《かし》ゃあまだあるな」
「もう、なか」

初詣で今年の税金が安くなりますようにとお願いしたら、神主さんがごへい（御幣＝お祓いのときに用いる飾り）を持って出てきて、
「神様は何とおっしゃったかね」と聞くと、
「祓《はら》い給《たま》え（払いたまえ）」

「かあちゃん、
きのうもらったお菓子、まだある？」
「もう、なか（ない）（最中《もなか》）」

博多弁（香具師《やし》口上）【毛布《もうふ》売り】 6

はい、みんな、ちょっと見《み》てっちょんない、見《み》てっちょんなっせえー。
毛布《もうふ》ですばい。はい、毛布《もうふ》ばい。
これはね、ブランケットって言《い》うとよ。
ブランケット、知《し》っとーな。毛布《もうふ》たい。
これはな、あんたな、ただのブランケットやないとよ。
これはくさ、カシミールって知《し》っとるな、あんた。
カシミール地方《ちほう》ちゅうてくさ、そこで特別《とくべつ》に羊《ひつじ》の毛《け》の一番《いちばーん》よかとこの毛布《もうふ》じゃもんな。
ほら、見《み》てんない。
こらふかふかふかふかして気持《きも》ちのよかろうが。
ほら触《さわ》ってみんしゃい。
これで寝《ね》たらあんた、もうあんた、ふとんやら、なーんもいらん。

これぱあんた二枚《にまい》もかけりゃー、もう酷寒《こっかん》の人《ひと》ばい。

酷寒《こっかん》。わかる？　酷寒《こっかん》。

ねー、もう氷《こおり》の上《うえ》で寝《ね》ても、なーんも寒《さむ》うなかと。

ほら、おばあちゃん。

ほら、見《み》てって、ほら買《こ》うてっちゃり。

ほら、触《さわ》ってみなっしぇ、うん、柔《やわ》らかろうが。

ほっかほかやろうが。

ほら、色《いろ》ば見《み》てんなっしぇー
ほら、赤《あか》と黒《くろ》ですばい
きれいやねー、あー、美《うつく》しかー。
こりゃ、あんた、赤《あか》と黒《くろ》とくりゃ、スタンダールばい。
知《し》っとうな、スタンダール。
えー、あんた学《がく》があろうが。
えー、この毛布屋《もうふや》、とーだい出《で》とうとよ。とーだい。
観音崎灯台《かんのんざきとうだい》やないよ、あんた、なん言《ゆ》うと。

棟梁大学《とうりょうだいがく》たい。

学《がく》があると。毛布屋《もうふや》でも学《がく》があるとよー。

えー。きれいなやつ見《み》てってちょうだい。

まけとくよ。

こら、ばしっとまけろ。

うん、よか値段《ねだん》ば言《ゆ》うておくんなしゃい。

えー、百円《ひゃくえん》？　あた、そげなこと言《い》いなんな、

三百五十円《さんびゃくごじゅうえん》、安《やす》かろ。

三百五十円《さんびゃくごじゅうえん》でよか。

なんね、ばあちゃん、色《いろ》が気《き》にくわん？
よかとよ、あんた。寝《ね》るときは、みんな目《め》
つぶるったい、色《いろ》なんてどげんでもよかと。

【博多弁の効能】

私の勝手な思い込みかもしれないが、博多弁はお祭りにぴったりの方言だ。私が博多弁になじんだのは、長谷川法世の『博多っ子純情』（双葉社）だった。祭りに燃える若者たちが楽しく描かれているすばらしい漫画だ。博多弁丸出しで、「あんたくさ」とか「せからしか」といったおもしろい方言がたくさん出てくる。

江頭光の『博多ことば』（葦書房）によると、「せからしか」は「うるさい」という意味で、よけいな手間がかかったり、思わぬ邪魔が入ったりしたとき「せからしか。ちょっと黙っときない」と使う。「ぽかんとしている」というのは、「あぱんとしとらんな」と言ったりするらしい。あやふやで危なげなことは、「あやくろしか」と言う。「部長に呼び出されて、えずう、がられてしもうた、いっちょん悪かこたあしとらんとい」と言うときの「えずう」は「たいそう」という意味で、「がられる」は「叱られる」という意味だ。

じつに聞いていて楽しい言葉ばかりだが、方言には博多弁に限らず古語が残っているものが多い。現代の共通語ではほとんど使われなくなってしまった古い日本語が、方言にはたくさん残っているのだ。方言は生きている古い日本の世界だ。

私が博多弁はお祭りのときの沸き立った身体になるのにもってこいだと感じたことのなかには、今回、博多弁をやっていただいた小松政夫さんの印象も含まれている。

小松さんの「博多にわか」は、絶妙な語り口のうまさも手伝って何度も笑わせていただいた。これは、小松さんが子どもの頃に「博多どんたく」のときに聴いて覚えていたものを記憶にもとづいて再現してもらったものである。ネタ自体が方言がらみで、味わいがある。標準語でやれば、ここまでおかしくはならないだろう。博多にわかの「にわか」は、俄《にわか》狂言の略で、素人が座敷や街頭でおこなった即興の滑稽寸劇のことである。

『毛布売り』は、小松さんがやはり子どもの頃に聴いて覚えていたものを博多弁にアレンジして再現してくれたものだ。ちなみに、小松さんが聴いた『毛布売り』は江戸弁であったそうだ。

博多弁が話の全体に温かみを加えていて、笑いやすい。笑うためには、からだが温まっている必要がある。冷えたからだでは笑えない。方言の身体は温かい。とくに博多弁は身体を浮き立たせる力を持っている。

「名古屋弁の湯」の効能

身も蓋もないおかしみを醸し出す身体になる。

「国境《くにざけゃあ》の長《なげゃ》あトンネルをくぐるとよー、まあひゃあそこが雪国《ゆきぐに》だったでかんわ。」

（雪国）

——朗読　天野鎮雄

名古屋弁【雪国《ゆきぐに》】8

国境《くにざけゃあ》の長《なげゃ》あトンネルをくぐるとよー、まあひゃあそこが雪国《ゆきぐに》だったでかんわ。夜《よる》の底《そこ》が白《しろ》なった。信号所《しんごうじょ》に汽車《きしゃ》が止《と》まった。

向側《むこっかわ》の座席《ざせき》から娘《むすめ》が立《た》って来《き》て、島村《しまむら》の前《まえ》のガラス窓《まど》を落《お》とぇた。雪《ゆき》の冷気《れいき》が流《なが》れこんだ。娘《むすめ》は窓《まど》いっぺゃあに乗《の》り出《でゃあ》て、遠《とお》えーと

川端康成《かわばたやすなり》『雪国』

国境の長いトンネルを抜けると雪国であった。夜の底が白くなった。信号所に汽車が止まった。

向側の座席から娘が立って来て、島村の前のガラス窓を落した。雪の冷気が流れこんだ。娘は窓いっぱいに乗り出して、遠

こへ叫《さけ》ぶように、

「駅長《えきちょう》さーん、駅長《えきちょう》さーん。」

明《あか》りぶらさげてゆっくり雪《ゆき》を踏《ふ》んで来《き》た男《おとこ》は、襟巻《えりまき》で鼻《はな》の上《うえ》まで包《つつ》んで、耳《みみ》に帽子《ぼうし》の毛皮《けがわ》を垂《た》らえとった。

まあひゃあそんなに寒《さぶ》なっとるんかと島村《しまむら》は外《そと》を眺《なが》めると、鉄道《てつどう》の官舎《かんしゃ》みてゃあなバラックが山裾《やますそ》に寒々《さむざむ》と散《ち》らばっとるだけで、雪《ゆき》の色《いろ》はそこまで行《い》かんうちに闇《やみ》に呑《の》まれてまっとった。

くへ叫ぶように、

「駅長さあん、駅長さあん。」

明りをさげてゆっくり雪を踏んで来た男は、襟巻《えりまき》で鼻の上まで包み、耳に帽子の毛皮を垂れていた。

もうそんな寒さかと島村は外を眺《なが》めると、鉄道の官舎らしいバラックが山裾《やますそ》に寒々と散らばっているだけで、雪の色はそこまで行かぬうちに闇《やみ》に呑《の》まれていた。

「駅長《えきちょう》さん、私《わたし》だがね、やっとかめだね。まめでしたかね。」

「ああ、葉子《ようこ》さんでねゃあか。帰《かえ》ってれゃあたのか。まーた寒《さぶ》うなってまったにー。」

「弟《おとと》が今度《こんど》こちらに勤《つと》めさせてまっとるげな。お世話《せわ》さまになっとります。」

「こんなとこよー、いまに寂《さび》しなって参《まい》ってまうに。若《わけゃ》あのに、可哀想《かわいそう》だでかんわ。」

「まんだほんの子供《こども》だでよー、駅長《えきちょう》さんからよー教《おし》えていたでゃあて、あんばよーお願《ねぎゃ》あ

「駅長さん、私です、御機嫌《ごきげん》よろしゅうございます。」

「ああ、葉子《ようこ》さんじゃないか。お帰りかい。また寒くなったよ。」

「弟が今度こちらに勤めさせていただいておりますのですってね。お世話さまですわ。」

「こんなところ、今に寂しくて参るだろうよ。若いのに可哀想《かわいそう》だな。」

「ほんの子供ですから、駅長さんからよく教えてやっていただ

します。」

（中略）

島村《しまむら》はちょこっとたってから、ぽつーんと言《い》った。

「あんたはええ子《こ》だねー。」

「なんで？　どこがええの。」

「ええ子《こ》だがね。」

「ほーけゃあ？　いやな人《ひと》だね。なに言《い》っとるの。しっかりしてちょーで。」と、駒子《こまこ》はそっぽを向《む》いて島村《しまむら》を揺《ゆ》らかしながら、切《き》れ

いて、よろしくお願いいたしますわ。」

（中略）

島村がしばらくしてぽつりと言った。

「君はいい子だね。」

「どうして？　どこがいいの。」

「いい子だよ。」

「そう？　いやな人ね。なにを言ってるの。しっかりして頂戴《ちょうだい》。」と、駒子はそっぽを向いて島村を揺すぶりながら、切れ

切《ぎ》れに叩《たた》くように言《い》うと、じーっと黙《だま》っとった。

ほんで一人《ひとり》で含《ふく》み笑《わ》《れ》《ゃ》《あ》して、

「いかんわ。つれゃあで帰《かえ》ってちょ。まあ着《き》る着物《きもの》があれせんのだわ。あんたんとこへ来《く》るたーんびに、お座《ざ》敷着《しきぎ》を変《か》えてゃあんだけど、つるっと種《たね》が切《き》れてまって、これも友達《ともだち》からの借着《かりぎ》なんだわ。わるい子《こ》でしょー？」

島村《しまむら》は言葉《ことば》も出《だ》せーせなんだ。

「そんなのによー、どこがええ子《こ》なのー？」

切れに叩くように言うと、じっと黙っていた。

そして一人で含み笑いして、

「よくないわ。つらいから帰って頂戴。もう着る着物がないの。あんたのとこへ来る度に、お座敷着を変えたいけれど、すっかり種切れで、これお友達の借着なのよ。悪い子でしょう？」

島村は言葉も出なかった。

「そんなの、どこがいい子？」

と、駒子《こまこ》はちょびっと声《こえ》を潤《うる》ませて、

「初《はじ》めて会《あ》った時《とき》、あんたのこと、どえれゃあいやな人《ひと》だ思《おも》ったんだわ。あんなに失礼《しつれい》なこと言《い》う人《ひと》、おれせんよー。ほんと、いやな気《き》がしとったんだわ。」

島村《しまむら》はうなずいた。

「なにー。それを私《わたし》、今《いま》まで黙《だま》っとったの、分《わか》っとる？ 女《おんな》にこんなこと言《い》わせるようになってまったら、おしめゃあだわ。」

「ええて。」

と、駒子は少し声を潤《うる》ませて、

「初めて会った時、あんたなんていやな人だろうと思ったわ。あんな失礼なことを言う人ないわ。ほんとうにいやあな気がした。」

島村はうなずいた。

「あら。それを私今まで黙ってたの、分る？ 女にこんなこと言わせるようになったらおしまいじゃないの。」

「いいよ。」

「ほーけゃあ?」と、駒子《こまこ》は自分《じぶん》を振《ふ》り返《かえ》るように、長《なげ》あこと静《しず》かにしとった。その一人《ひとり》の女《おんな》の生《い》きてく感《かん》じが温《ぬく》く島村《しまむら》に伝《つた》わって来《き》た。

「あんたはええ女《おんな》だねー。」

「どーええの。」

「ええ女《おんな》だて。」

「おっかしいひと。」と、肩《かた》がこそばゆそうに顔《かお》を隠《かく》いたが、なんと思《おも》ったか、突然《とつぜん》むくっと片肘《かたひじ》立《た》てて首《くび》を上《あ》げると、

「そう?」と、駒子は自分を振り返るように、長いこと静かにしていた。その一人の女の生きる感じが温く島村に伝わって来た。

「君はいい女だね。」

「どういいの。」

「いい女だよ。」

「おかしなひと。」と、肩がくすぐったそうに顔を隠したが、なんと思ったか、突然むくっと片肘《かたひじ》立てて首を上げると、

「それ、どーゆー意味《いみ》？　ねえ、なんのこと？」

島村《しまむら》はびっくりして駒子《こまこ》を見《み》た。

「言《い》っててちょーでゃあ。そんで通《かよ》っとったの？　あんた、私《わたし》を笑《わら》っとったの。やっぱり笑《わら》っとったんだわ。」

真《ま》っ赤《か》っかになって島村《しまむら》を睨《にら》みつけながら詰問《きつもん》するうちに、駒子《こまこ》の肩《かた》はどえれゃあ怒《いか》りにふるえて来《き》て、すぅーっと青《あお》ざめると、涙《なみだ》をぽろぽろ落《こぼ》えた。


「それどういう意味？　ねえ、なんのこと？」

島村は驚いて駒子を見た。

「言って頂戴。それで通《かよ》ってらしたの？　あんた私を笑ってたのね。やっぱり笑ってらしたのね。」

真赤になって島村を睨《にら》みつけながら詰問《きつもん》するうちに、駒子の肩は激しい怒りに顫《ふる》えて来て、すうっと青ざめると、涙をぽろぽろ落した。

「くやし、ああっ、くやしー。」と、ごろごろ転《ころ》がり出《で》てきて、うしろ向《む》きに坐《すわ》ってまった。

島村《しまむら》は駒子《こまこ》の聞《き》きちげゃあに思《おも》いあたると、はっと胸《むね》を突《つ》かれたが、目《めー》つぶって黙《だま》っとった。

「悲《かな》しいわ。」

駒子《こまこ》はひとりごとのように呟《つぶやぁ》て、胴《どう》を円《まる》く縮《ちぢ》める形《かたち》にうずくまってまった。

ほんで泣《な》きくたびれたか、ぷすぷすぷすぷすぷす銀《ぎん》の簪《かんざし》を畳《たたみ》に突《つ》き刺《せ》えとったけど、不意《ふい》に

「くやしい、ああっ、くやしい。」と、ごろごろ転がり出て、うしろ向きに坐った。

島村は駒子の聞きちがいに思いあたると、はっと胸を突かれたけれど、目を閉じて黙っていた。

「悲しいわ。」

駒子はひとりごとのように呟《つぶや》いて、胴を円く縮める形に突っ伏した。

そうして泣きくたびれたか、ぷすりぷすりと銀の簪《かんざし》を畳に突き刺していたが、不意に部屋を

部屋《へや》を出《で》てってまった。

島村《しまむら》は後《あと》を追《ぼ》ってくことが出来《でき》なんだ。駒子《こまこ》に言《い》われてみれば、どえれゃあ心疚《こころやま》しいものがあった。

ほんでも駒子《こまこ》はすうーと足音《あしおと》を忍《しの》ばせて戻《もど》ったようで、障子《しょうじ》の外《そと》から上《うわ》ずった声《こえ》で呼《よ》ばった。

「あのー、お湯《ぶー》いらせんきゃあも？」

「ああ。」

「堪忍《かんにん》してちょうでゃあよ。私《わたし》 考《かんが》え直《なお》えて

出て行ってしまった。

島村は後を追うことが出来なかった。駒子に言われてみれば、十分に心疚《やま》しいものがあった。

しかし直ぐに駒子は足音を忍ばせて戻ったらしく、障子の外から上ずった声で叫んだ。

「ねえ、お湯にいらっしゃいません？」

「ああ。」

「御免なさいね。私考え直して

来《き》たんだわ。」

廊下《ろうか》に隠《かく》れて立《た》ったまんま、部屋《へや》へ入《はい》って来《き》そうもねゃあもんだで、島村《しまむら》が手拭《てぬぐい》を持《も》って出《で》て行《い》くと、駒子《こまこ》は目《め》を合《あ》わせるのを避《よ》けて、ちょこっとうつ向《む》きながら先《さ》きに立《た》った。罪《つみ》をあばかれて曳《ひ》かれて行《い》く人《ひと》に似《に》た姿《すがた》をしとったけどが、湯《ゆ》で体《からだ》がぬくとまる頃《ころ》から変《へん》にいたいたしいほどはしゃぎ出《でゃあ》て、眠《ねむ》るどころであれせなんだ。

その次《つぎ》の朝《あさ》、島村《しまむら》は謡《うてゃあ》の声《こえ》で目《め》が覚《さ》めた。

来たの。」

廊下に隠れて立ったまま、部屋へ入って来そうもないので、島村が手拭《てぬぐい》を持って出て行くと、駒子は目を合わせるのを避けて、少しうつ向きながら先きに立った。罪をあばかれて曳《ひ》かれて行く人に似た姿であったが、湯で体が温まる頃から変にいたいたしいほどはしゃぎ出して、眠るどころでなかった。

その次の朝、島村は謡《うたい》の声で目が覚めた。

しばらく静《しず》かに謡《うてゃあ》を聞《き》いとると、駒子《こまこ》が鏡台《きょうでゃあ》の前《めゃあ》から振《ふ》り返《かえ》って、にっと微笑《ほほえ》みながら、

「梅《うめ》の間《ま》のお客《きゃく》さん、きのーのばんげ、宴会《えんかい》の後《あと》で呼《よ》ばれたでしょ。」

「謡《うてゃあ》の会《かい》の団体《だんてゃあ》 旅行《りょこう》だろ。」

「そうだわ。」

「雪《ゆき》けゃあ？」

「ほうだよ。」と、駒子《こまこ》は立《た》ち上《あが》って、さっと障子《しょうじ》をあけて見《み》せた。

しばらく静かに謡を聞いていると、駒子が鏡台の前から振り返って、にっと微笑《ほほえ》みながら、

「梅の間のお客さま。昨夜《ゆうべ》宴会の後で呼ばれたでしょう。」

「謡の会の団体旅行かね。」

「ええ。」

「雪だろう？」

「ええ。」と、駒子は立ち上って、さっと障子をあけて見せた。

「まあ、紅葉《もみじ》もおしめゃあだわ。」

窓《まど》で区切《くぎ》られとる灰色《はいいろ》の空《そら》からどえりゃあ大《おお》きい牡丹雪《ぼたんゆき》がほうっとこっちへ浮《うか》び流《なが》れて来《く》る。なんだしらん静《しず》かな嘘《うそ》みてゃあだった。島村《しまむら》は寝足《ねた》りとらん虚《むな》しさで眺《なが》めとった。

謡《うてゃあ》の人《ひと》らは鼓《つづみ》も打《う》っとった。

島村《しまむら》は去年《きょねん》の暮《くれ》のあの朝雪《あさゆき》の鏡《かがみ》を思《おも》いでゃあて、鏡台《きょうでゃあ》のほうを見《み》るとせゃあが、鏡《かがみ》のなかでは牡丹雪《ぼたんゆき》の冷《つめ》てゃあ花《はな》びらがまっと大《お》っきい浮《うか》んで、襟《えり》を開《ひれゃあ》て首《くび》を拭《ふ》いとる駒子《こまこ》のま

「もう紅葉もおしまいね。」

窓で区切られた灰色の空から大きい牡丹雪《ぼたんゆき》がほうっとこちらへ浮び流れて来る。なんだか静かな嘘のようだった。島村は寝足りぬ虚《むな》しさで眺めていた。

謡の人々は鼓《つづみ》も打っていた。

島村は去年の暮のあの朝雪の鏡を思い出して鏡台の方を見ると、鏡のなかでは牡丹雪の冷たい花びらが尚《なお》大きく浮び、襟《えり》を開いて首を拭《ふ》いている駒子のまわりに、白い線を漂わした。

わりに、白《しーろ》い線《せん》を漂《ただよ》わせとった。

駒子《こまこ》の肌《はだ》は洗《あら》い立《た》てみてゃあに清潔《せいけつ》で、島村《しまむら》のふとした言葉《ことば》もあんな風《ふう》に聞《き》きちがえてまうような女《おんな》とは到底思《とうていおも》えんとこへ、反《かえ》って逆《さか》らえん悲《かな》しみがあるんでねゃあかと見《み》えた。

紅葉《もみじ》のサビ色《いろ》が日毎《ひごと》に暗《くら》なってとった遠《とお》え山《やま》は、初雪《はつゆき》で美《うつく》しょう生《い》きかえった。

薄《うっす》い雪《ゆき》をつけた杉林《すぎばやし》は、その杉《すぎ》の一《ひと》つんつがくっきりと目立《めだ》って、びっしびしに天《てん》を指《さ》しながら地《ち》の雪《ゆき》に立《た》っとった。

駒子の肌《はだ》は洗い立てのように清潔で、島村のふとした言葉もあんな風に聞きちがえねばならぬ女とは到底思えないところに、反《かえ》って逆らい難《がた》い悲しみがあるかと見えた。

紅葉の銹色《さびいろ》が日毎《ひごと》に暗くなっていた遠い山は、初雪であざやかに生きかえった。

薄く雪をつけた杉林は、その杉の一つ一つがくっきりと目立って、鋭く天を指しながら地の雪に立った。

（川端康成『雪国』新潮文庫より）

【名古屋弁の効能】　身も蓋もないおかしみを醸し出す身体になる

あの川端康成の名作『雪国』を名古屋弁でやる。これはノーベル賞のみならず、文学に対する冒瀆《ぼうとく》だ、とお怒りになる向きもあるだろう。あの独特なおかしみで日本中に知れわたっている名古屋弁で『雪国』をやるとどうなるか。これは文学上の実験でもある。

物語の筋や文章の意味はまったく変えずに、細部を名古屋弁にアレンジするだけで、『雪国』の雰囲気はまったく別のものになってしまった。なにしろヒロインの駒子がまったくの別人だ。親しみやすくなりすぎてしまっている。そこはかとない風情は、名古屋弁の駒子には醸し出されない。

しかし、名古屋弁の『雪国』が雰囲気のない作品になってしまったかというと、そんなことはまったくない。別の新しい魅力が生まれている。朗読の天野鎮雄さんの名古屋弁は、世間が期待している爆笑ものの名古屋弁とはひと味ちがっている。意外、といっては名古屋弁に失礼になるが、おもしろいだけでない。どこか胸に迫るものがある。感情を押し隠すことによって味わいを出すのではなく、身も蓋もなくあらわにすることでぐっと迫るものになる。それが名古屋弁の本質なのかもしれない。

名古屋弁については楽しい本がたくさんある。『声に出して読みてゃあ名古屋弁』（すばる舎）という本まで出たようだが、なかでも清水義範さんの本は名古屋弁のおかしみにあふれ、名古屋弁の魅力が詰まっている。『笑説大名古屋語辞典』（学習研究社）によると、清水さんは表向きの職業は演劇作家だが、実は「日本語名古屋語化実行委員会」の会長だそうだ。

名古屋弁のおもしろさを知ってしまうと、名古屋弁を生まれながらにして身につけた人がうらやましくなってしまう。全国でもこれほどおかしみのある方言は珍しい。ただたんに保存するという受け身の姿勢ではなく、全国を名古屋弁化する強さを持つくらいでちょうどいいのかもしれない。

名古屋弁が消えてしまったら、日本語はずいぶん貧しくなってしまうだろう。

「津軽弁の湯」の効能

重いのにハイテンポな不思議な身体になる。

「知《し》らねんだば教《しか》へるが？　……その弁天小僧菊之助《べんてんこぞきぐのすけ》ずのぁ——我《わ》だ。」（弁天娘女男白浪）

「何《な》んたて春《はる》ぁ朝《あさま》が良《え》がべ。徐　徐《あんつかづつ》　白《しら》ぱちけで行《え》く稜線《やま》コさ」（枕草子）

「河《かわ》の水《みず》コぁ　常時《いっつも》　動《うご》いでる由《はんで》やぁ　何《なに》ぁどんでも　元《もど》サ戻《もど》る事《ごた》ぁ無《ね》。」（方丈記）

「汝《んが》の夫《おど》ァ何歳《なんぼ》だば？　吾《わい》のな、今歳二十六《こどしにじゅうろく》だね。何《なーに》ゃ、笑《わら》うんだば。」（方言詩『百姓女の酔っぱらい』）

——朗読　伊奈かっぺい

津軽弁

【弁天娘女男白浪《べんてんむすめめおのしらなみ》】 10

知《し》らねんだば教《しか》へるが？
海辺《はま》の砂《すな》コあ無《ね》ぐなても
泥棒稼業《どろぼう》だっきゃ居《え》ねぐなる事《ごた》ぁ無《ね》って
石川《いしかわ》の五右衛門《ごえもん》ぁ歌《うだ》コさ残《のご》してら様《けんた》によ
深夜専門《ばんげせんもん》の泥棒《どろぼ》だね。
前々《めえめえ》がら喋《しゃべ》ればよぉ——

河竹黙阿弥《かわたけもくあみ》『弁天娘女男白浪』
（白浪五人男《しらなみごにんおとこ》）

知らざあ言って聞かせやしょ

少年《わらし》の頃《ころ》ぁ　寺《てら》の小僧《こぞ》コやてらだばてな
賽銭《さいせん》盗《が》めで博打《ばくち》コの味《あじ》コ覚《お》べでまて。
初《はし》め頃《ころ》ぁ　小額《あんつか》であたばてな
二段飛《だんだ》と盗《が》め銭《せん》　増額《よげ》になて
良《え》ぐ無事《ねごと》も　増《よげ》になて…
宿泊《とまり》に来《く》る檀家《だんか》衆《しゅ》の枕《まぐら》銭《じえに》コあ
盗《が》めだに盗《が》めだて
正札《しょうふだ》サハナマルだけんた札付《ふだつ》ぎに
なて結果《まて》、出《だ》さえだんだて。
出《だ》さえでがらずものぁ

う。浜の真砂《まさご》と五右衛門が、歌に残せし盗人《ぬすっと》の、種は尽きねえ七里《しちり》ケ浜《はま》、その白浪の夜働《よばたら》き、以前をいやあ江の島で、年季《ねんき》勤めの児《ちご》ケ淵《ふち》。百味《ひゃくみ》講でちらす蒔《まき》銭《せん》を、当《あて》に小皿《こざら》の一文子《いちもんこ》、百が二百と賽銭《さいせん》の、くすね銭《ぜに》せえだんだんに、悪事はのぼる上《かみ》の宮《みや》、岩本院《いわもといん》で講中《こうじゅう》の、枕探しも度《たび》重《かさな》り、お手《て》長講《ながこう》の札付きに、とう〳〵島《しま》を追《お》いだされ、それから若衆《わかしゅ》の美人局《つつもたせ》、こゝや彼処《かしこ》の寺島《てらじま》で、小耳に聞いた音羽屋《おとわや》の、似ぬ声色《こわいろ》で小《こ》ゆすりかたり、名

男女《おどごおなご》＊の美人局《つづもだせ》——あやるわ、
小耳《こみみ》コさ挟《はさ》だ似《に》で無《ね》ぇ声帯模写《ものまね》ば使《つか》て
強請《ゆする》わ、恐喝《たがる》わで猥雑極致《そんど》だて。
その弁天小僧《べんてんこぞ》菊之助《きぐのすけ》ずのぁ——
我《わ》だ。

＊ 男女《おどごおなご》＝津軽では「若衆」的存在は「女《おんな》のような男《おとこ》」として「おどごおなご」と称した。

さえ由縁《ゆかり》の弁天小僧菊之助たァ、
おれがことだ。

（『芝居名せりふ集』演劇出版社より）

津軽弁【枕草子《まくらのそうし》】11

何《な》んたて春《はる》ぁ朝《あさま》が良《え》がべ。
徐 徐《あんつかづつ》 白《しら》ぱちけで行《え》く稜線《やま》コさ
紫 色《むらさぎいろ》の雲《くも》コあ ばほーっどしたりして。
夏《なづ》ぁ夜《ばげ》だべ。
お月様《つきさまア》 出《で》はてれば事更良《こどさらえー》。
真《ま》っ暗《くら》だ夜《ばげ》に螢《ほたる》コ沢山《えっぺ》

清少納言《せいしょうなごん》『枕草子』

春はあけぼの。やうやうしろくなり行《ゆ》く、山ぎはすこしあかりて、むらさきだちたる雲のほそくたなびきたる。

夏はよる。月の頃はさらなり、やみもなほ、ほたるの多く飛び

飛《と》んでるずのも悪《わる》ぐはねばたって
一匹《いっぴぎ》二《に》匹《しぎ》パヤパヤずのも良《え》っきゃなぁ。
更《ほえ》によ雨《あめ》コ降《ふ》るのも似《に》わるしな。
秋《あぎ》ぁ何《な》んたて夕暮《ばんかた》だぁ。
落《お》ぢかげたお陽様《しさま》　真《ま》っ赤《か》になて
山《やま》コの陰《かげ》サ隠《かぐ》えるんでねべがず頃《ころ》
烏《からす》コあ家《え》サ戻《もど》るて
三羽《さんば》四羽《しわ》、二羽《にわ》三羽《さんわ》
急《うぬめ》でずるのも良《えー》もんで…。
雁《かり》ぁ連《なら》で遠《ちぺた》に小さぐ《ちぺた》に見《み》えだりしてなぁ。

ちがひたる。また、ただひとつふたつなど、ほのかにうちひかりて行くもをかし。雨など降るもをかし。

秋は夕暮。夕日のさして山のはいとちかうなりたるに、からすのねどころへ行くとて、みつよつ、ふたつみつなどとびいそぐさへあはれなり。まいて雁《かり》などのつらねたるが、いとちひさくみゆるはいとをかし。日入りはてて、風の音むしのねなど、はたいふべきにあらず。

冬はつとめて。雪の降りたる

お陽様《しさま》ぁ沈《しず》んでまて風《かじぇ》の音《おど》コ…
虫《むし》コの声《こえ》コずのも堪《こだえ》らえねしよぉ。
冬《ふゆ》ぁ朝《あさま》 早《は》ぐが良《えー》。
雪《ゆぎ》ぁ降《ふ》てれば良《えー》ずのぁ当《あだ》り前《め》で
霜《しも》ぁ下《お》りで真《ま》っ白《しろ》になてで
寒《さ》び寒《さ》びーって急《うぬめ》で炭《すみ》ぁ起《おご》して
走《は》け廻《まわ》てるのも良《えー》もんだ。
昼《しるま》になて暖気《だんき》になて炭火《しみび》コ
白灰《しらぱち》 変化《ける》のぁ少々《あんつか》 醜態《みばわり》ばてな。

はいふべきにもあらず、霜のいとしろきも、またさらでもいと寒きに、火などいそぎおこして、炭もてわたるもいとつきづきし。昼になりて、ぬるくゆるびもていけば、火桶《ひおけ》の火もしろき灰がちになりてわろし。

(『日本古典文学大系19』岩波書店より)

津軽弁【方丈記《ほうじょうき》】12

河《かわ》の水《みず》コあ
常時《いっつも》　動《うご》いでる由《はんで》やぁ
何《なに》あどんでも　元《もど》サ戻《もど》る事《ごた》ぁ無《ね》。
水溜《みつたまり》だ様《けんたど》　処サ　浮《う》がでる泡《あんぷく》だてよ
出来《うま》えだがど思《おも》えば　消《き》えで
消《き》えだがど思《おも》えば　出来《うま》えで

鴨長明《かものちょうめい》『方丈記』

ゆく河の流れは絶えずして、しかも、もとの水にあらず。淀みに浮ぶうたかたは、かつ消えかつ結びて、久しくとゞまりたる例《ためし》なし。世中《よのなか》にある人と栖《すみか》と、

常時《いっつも》 同《ふと》じで無《ね》ぇのやあ。
世《よ》の中《なが》の人間《ふと》だて
家《いえ》コだて同《ふと》じ様《えんた》もんだて。
大都会《まぢなが》サ 競争《やがくて》 豪華《でったら》だ家《え》コ
建《た》でるのぁ今《いま》も昔《むがし》も同《ふっとぢ》だばてなぁ
集中《みっつ》 凝視《どかが》て見《み》で見《み》へんがあ…
昔《むがし》っからの家《え》コずのあ 少々《あんつか》しか無《ね》ぇもんだよ。
去年《きょねん》 火事《や》げで 今年《こどし》 建《つく》たり
豪華《でったら》だ邸《え》ぁ 小型《ちぺた》になたり

またかくのごとし。

たましきの都のうちに、棟《むね》を並べ、甍《いらか》を争へる、高き、いやしき、人の住ひは、世々を経て盡《つ》きせぬものなれど、これをまことかと尋ぬれば、昔《むか》しありし家は稀《まれ》なり。或《あるい》は去年《こぞ》焼けて今年作れり。或は大家《おおいえ》亡びて小家《こいえ》となる。住む人もこれに同じ。所も変らず、人も多かれど、いにしへ見し人は、二三十人が中《うち》に、わづかにひとりふたりなり。朝《あした》に死に、夕《ゆうべ》に生る、ならひ、たゞ水の泡にぞ似たりける。

同様《したはで》な。
其サ《そご》棲《い》る人間《ふと》だて同様《ふっとぢ》せぇ。
土地《そご》ぁ不変《ふとじ》で住民《ふと》も沢山《えっぺえ》在る様《えんため》に見でも
古《むがし》がらの住人《ふと》ぁ
二三十人《にさんじゅにん》の中《うぢ》　大凡《うすら》一人《ふとり》か二人《ふたり》だて。
朝《あさま》に生《う》まえで晩《ばげ》に死《し》ぬ
晩《ばげ》に生《う》まえで朝《あさま》に死《し》ぬ…
人間《ふと》だなんて水溜《みずたまり》の　泡《あんぷく》だ様《えん》たもだのよぉ。

（津軽弁の『弁天娘女男白浪』『枕草子』『方丈記』は伊奈かっぺい氏の著作『でったらだ消ゴム』（おふぃす・ぐー）より引用させていただきました）

（『日本古典文学大系30』岩波書店より）

津軽弁（方言詩）【百姓女《じゃごおなご》の酔《よ》っぱらい】 13

汝《んが》の夫《おど》ァ何歳《なんぼ》だば？

吾《わい》のな、今歳《ことし》二十六《にじゅうろく》だね。何《なーに》や、笑《わら》うんだば。汝《んが》の阿母《おがあ》の姉《あね》だて二十歳《はだぢ》も下《した》の男《おどご》有《も》たけぁせ。吾《わい》だきゃそれ程違《ほどちが》はねえね。（中略）

ふん！　二十六《にじゅうろく》の夫《おど》有《も》たて何《なに》ぁ目《め》ぐせば。吾《わ》だけえに十年《じゅうねん》も後家立《ごけた》てでせ、他《ほが》の家《え》がら

福士《ふくし》幸次《こうじ》郎《ろう》『百姓女の酔っぱらひ』——標準語訳

あんたの旦那はいくつなんだ？

私の（旦那）は今年二十六歳だよ。なんで笑うんだ。あんたのお母さんの姉さんだって、二十歳も年下の男と結婚したじゃないか。私はそんなに違わないよ。

ふん！　二十六歳の旦那がいたって、なんにも恥ずかしいなんて思わないよ。私は十年も後

童《わらし》もらて藁《わら》の上《うえ》がら育《そだ》でで見《み》でも、弱《きゃ》なくて
あんつくたらだ病気《びゃうき》ねとっつかれで死《し》なれ
で見《み》れば…。
派立《はだち》の目腐《めぐさ》れ阿母《あば》だけやえに八十《はちじゅう》歳の身空《みそら》
こいで、かだる孫《まご》にも嫁《よめ》にも皆《みんなし》死なれで、
村役場《むらやくば》がら米《こめ》だの銭《じぇん》ｺだの貰《もら》て、廐《むまや》よりも
まだ汚《きたね》ェ小屋《こや》サ這入《はえ》てせ、乞食《ほえど》して暮《く》らす
風《ふ》ぁ眼《まなぐ》サ見《め》で来《く》るでば。
ふん！　他人《ふと》に辛口《からくぢ》きぐ隙《じゃ》ネ自分《じぶん》の飯《めし》の上《うえ》
の蠅《ハエ》ほろがねが。

家を通して、他の家から子どもをもらって赤ん坊の頃から育ててみたが、弱くて、あんな病気にとりつかれて死なれてしまった。

（再婚しなかったら）派立村（本村の分村）の眼病ばばあみたいに、八十の身空で、面倒をみてくれるはずの孫にも嫁にもみんな死なれて、村役場から米や金をもらって、廐《うまや》よりも汚い小屋に入って、乞食のように暮らすようになるのは目に見えているようじゃないか。

ふん！　人に辛口《からくち》をきく暇があったら、自分のご飯にたかる蠅を追い払ったほうがいいよ。

十年《じゅうねん》も後家立《ごけた》でで、彼方《あぢ》の阿母《おが》だの此方《こぢ》の阿母《おが》だのがら姦男《まおどご》したの、夫《おど》ごと盗《と》たど抗議《ぼご》まれで、年《ねん》がら年中《ねんじゅう》肝焦《きもや》がへでだぇ何《なんに》なるば。若《わが》ふたって吾《わ》ごと好《す》ぎだて言《い》わいで連《つ》れだ夫婦《ふうふ》だね。十年《じゅうねん》も死《し》んだ夫《おど》サ義理立《ぎりた》でで、この上《うえ》なに辛口《からくぢ》きがれる事《こと》ぁあるべなせ。蝿《ハイ》、ホロゲて。汝《んが》の飯《めし》の上《うえ》の蝿《ハエ》ホロゲ。ははは…

（福士幸次郎の方言詩『百姓女の酔っぱらひ』（高木恭造著『まるめろ　方言詩集』津軽書房に収載）の原文は平仮名と片仮名が入り交じっていますが、本書では読みやすさを考慮して、朗読者の伊奈かっぺい氏に表記を変更していただきました）

十年も後家を通して、あっちの女、こっちの女から、間男《まおとこ》を通わせたとか、夫の浮気相手になったとか抗議をされて、年がら年じゅう腹を立てて暮らすのが何になるというんだよ。（旦那は）若くたって、私のことを好きだって言ってくれて、それで連れ添った夫婦なんだよ。十年も死んだ夫に義理立てをして、このうえ何を辛口きかれることがあるか。蝿を追えって。自分のご飯にたかる蝿を追え。ははは…。

お断り　津軽弁『百姓女の酔っぱらい』は途中を割愛させていただきましたが、CDでは全文収録されています。

【津軽弁の効能】 重いのにハイテンポな不思議な身体になる

強烈ですねえ。こんなすごい言葉を聞いてしまうと、標準語など薄っぺらく感じてしまう。

津軽弁は人気のある方言だ。その立役者が伊奈かっぺいさんである。「なまるものなら任してください」と、本書の収録のときにおっしゃっていたとおり、すばらしい方言の芸だ。

言葉に生命が宿っている——まさにそんな感じがする。言葉一つひとつが魚のようにピチピチと飛び跳ねている。イキのよさが方言の身上だ。言葉にメロディがついているともいえる。

そのメロディを支えているのが呼吸の力だ。横隔膜を使った深い呼吸が、一息の長さを長くする。上に行ったり下に行ったりしながら、一息でずーっと流して行くと、ジェットコースターに乗っているようで楽しい。『百姓女の酔っぱらい』では、この息の芸も楽しんでいただきたい。

『弁天娘女男白浪』は、『声に出して読みたい日本語』（草思社刊）の巻頭に持ってきたものであり、『CDブック　声に出して読みたい日本語』では市川亀治郎さんに口演をしていただいた。その江戸っ子らしい気っぷのいいせりふが、津軽弁にかかるとまったく別物になってしまう。ただのパロディではなく、別の生命体が生まれてしまう。それほど津軽弁の独立性は高いのである。

『枕草子』も魅力にあふれたものになっている。方言には身体感覚が詰まっている。それだけに、枕草子のように感覚を上手に表現してあるものは、方言で語られることによって新たなパワーを与えられるのである。

『方丈記』になると、ぐっと無常感が漂ってくる。しかし、その無常感は気どったものではなく、土の感覚に根ざしたものになる。書物で仏教の勉強をして語るというのとはちがって、生活の実感として語っている——そんな感じがする。『弁天娘女男白浪』とくらべると、長調と短調のように、津軽弁の調子がいろいろと変化するのがおもしろい。

同じ漢字でも、発音によって振り仮名は少し変わってくる。方言の場合は、まず音が重要だ。その音を忠実に文字に表そうとすると、ふつうの表記法では少し物足りなくなる。文字で書かれた方言を見ているだけでは、とうてい方言の魅力はわからない。伊奈かっぺいさんのようなパワフルな方言の使い手によって言葉が空中を響きわたるとき、方言の魅力が心にしみてくる。

ただ目で文字を追って聞くだけではなく、自分の声を重ねていってほしい。そうすることで津軽弁を話す身体に近づくことができる。それが「方言の湯」のつかり方だ。

津軽弁はけっして軽くはない。むしろ重い。それなのにテンポがよく、生命感があるので、流れるようにハイテンポで語られる。軽くてハイテンポな言葉は現代にもあるが、そんな薄っぺらな言葉の印象とはまったく対照的な、「重いのにハイテンポ」という不思議な言葉がここにはある。

どっぷりと「濃い方言」の湯につかっていただきたい。

「鹿児島弁の湯」の効能

気骨のある身体になる。

「親譲《おやゆづ》いのぼっけむんで小供《こどん》の時《とっ》かぁ損《そん》ばっかいし居《ちょ》っ。」

（坊っちゃん）

——朗読　和田周

鹿児島弁【坊《ぼ》っちゃん】15

親譲《おやゆづ》いのぼっけむんで小供《こどん》の時《とっ》かぁ損《そん》ばっかいし居《ちょ》っ。小学校《しょがっこ》ぃ居《お》っ時《と》っ学校《がっこ》ん二階《にけ》かぁ飛《と》っ降《ご》ぢっ一週間《いっしゅかん》ばっかい腰《こし》ゅ抜《ぬ》かした事《こ》つがあっ。ないごて其《そ》げなぼっけな事《こ》つしたかち聞《き》っ人《し》があいかも知《し》たん。別《べ》ち深《ふ》け理由《わけ》でんね。新築《しんちっ》の二階《にけ》かぁ首《く》ぶ出《だ》しちょったな

夏目《なつめ》漱石《そうせき》『坊っちゃん』

親譲《おやゆず》りの無《む》鉄砲《てっぽう》で小供の時から損ばかりしている。小学校に居る時分学校の二階から飛び降りて一週間程《ほど》腰《こし》を抜《ぬ》かした事がある。なぜそんな無闇《むやみ》をしたと聞く人があるかも知れぬ。別段深い理由でもない。新築の二階から首を出していたら、同級生

あ、同級生《どきゅせい》の一人《ひとい》がわやき、どしこ威張《いば》ってん、其処《そっ》かぁ飛《と》っ降《ご》ぢい事《こ》ちゃ出来《でく》いめ。役《やっ》せん坊《ぼ》が。ち囃《はや》し立《た》てたでぢゃっ。小使《こつ》け担《か》いわれっ戻《もど》っ来《き》た時《と》っ、親父《おや》っが太《ふ》っとか眼《め》をしっ二階位《にけぐれ》かぁ飛《と》っ降《ご》ぢっ腰《こし》ゅ抜《ぬ》かすい奴《わろ》があいがち云《ゆ》たむんぢゃっで、こん次《つ》が抜《ぬ》かさじ飛《つ》っ見《み》すってち返事《へず》した。

親類《しんぢ》ん人《し》かぁ唐造《からづく》ぃの小刀《こがっな》を貰《もろ》っせえ見事《みご》ち刃《は》ゆお天道《てんと》せぇ翳《かざ》し、同志《どし》ぃ見《み》せちょったなぁ、一人《ひとい》が光《ひか》いこちゃ光《ひか》っどんからん切《き》る

の一人が冗談《じょうだん》に、いくら威張《いば》っても、そこから飛び降りる事は出来まい。弱虫やーい。と囃《はや》したからである。小使に負ぶさって帰って来た時、おやじが大きな眼をして二階から飛び降りて腰を抜かす奴《やつ》があるかと云ったから、この次は抜かさずに飛んで見せますと答えた。

親類のものから西洋製のナイフを貰《もら》って奇麗《きれい》な刃を日に翳《かざ》して、友達に見せていたら、一人が光る事は光るが切れそうもな

いごちゃ無《ね》ち云《ゆ》た。切《き》れん事《こ》っがあいか、何《ない》でん切《き》っ見《み》すっち引《ひ》っ受《き》ょた。其《そ》いなぁ我《わ》いが指《ゆ》ぶ切《き》っ見《み》せち注文《ちゅもん》ぬしたむんぎゃっで、何《な》いよ指位《ゆっぐ》れは此《こ》ん通《とお》いぎゃいがち右《み》っの手《て》い親指《おやゆ》っの甲《つ》を斜《なな》めい切《き》い込《く》だ。良《よ》かとにゃ小刀《こがつな》が細《こ》めとと、親指《おやゆ》っの骨《ほね》が硬《か》てかったむんぢゃっで、今《いま》でん親指《おやゆ》ば手《て》いくっ付《ち》ょっ。ぢゃっどんからん、創痕《きっあ》たけ死《し》んづい消《き》えん。

（中略）

いと云った。切れぬ事があるか、何でも切って見せると受け合った。そんなら君の指を切ってみろと注文したから、何だ指位この通りだと右の手の親指の甲《こう》をはすに切り込んだ。幸《さいわい》ナイフが小さいのと、親指の骨が堅かったので、今だに親指は手に付いている。然《しか》し創痕《きずあと》は死ぬまで消えぬ。

（中略）

野《の》だぁ、ひっとも好《す》かん。此《こ》げなん奴《わろ》ぁ、漬物石《ちけむんいし》ぃ付《つ》けっ海《うん》の底《そこ》ぃ沈《しず》むっとが、日本《にっぽん》の為《ため》ぢゃっ。赤襯衣《あかしゃち》ゃ声《こえ》が気《き》ぃ食《く》わん。彼《あ》やわいわれん声《こ》ゆ冗談《わや》き飾《かざ》っせぇあげんしとらし如《ご》っ見《み》せっちょったろかい。どしこ飾《かざ》ったち、あん面《つら》ぢゃぼっぢゃいが。惚《ほ》るい者《むん》があったちマドンナ位《ぐれ》なむんぢゃいが。ぢゃっどん教頭《きょーと》ばっかいに野《の》だよかんな難《むっ》かし事《こ》つ云《ゆ》。我《わ》い家《げ》ぇ戻《もど》っ、あん奴《わろ》が云《ゆ》事考《こっかん》げっ見《み》っと、かった、あたいめぇん如《ご》っちゃっ。判然《はっき》ぃし

野だは大嫌《だいきらい》だ。こんな奴《やつ》は沢庵石《たくあん》をつけて海の底へ沈《しず》めちまう方が日本の為《ため》だ。赤シャツは声が気に食わない。あれは持前の声をわざと気取ってあんな優《やさ》しい様に見せてるんだろう。いくら気取ったって、あの面《つら》じゃ駄目《だめ》だ。惚《ほ》れるものがあったってマドンナ位なものだ。然《しか》し教頭だけに野だよりむずかしい事を云う。うちへ帰って、あいつの申し条を考えてみると一応尤《もっと》もの様でもある。判然とした事は云わないから、見当がつき

た事《こ》ちゃ云《い》わんむんぢゃって、がっついの事《こ》ちゃ分《わ》からんどん、何《な》いか山嵐《やまあらい》がゆ無《ね》奴《わろ》ぢゃって用心《ゆじん》ぬせぇち云《ゆ》たげな。其《そい》なぁ其《そ》いち、きっぱいと言《い》えば良《よ》かとに、男《おとこ》らし無《ね》。ほして、其《そ》げなん、悪《わ》り教師《きょーし》ぢゃれば、早《は》よ免職《やめ》さすれば良《よ》かとに。教頭《きょーと》ち、文学士《ぶんがっし》ん癖《くせ》、小《し》便引《べんひ》っ被《かぶ》いぢゃいが。わいくつ聞《き》っとでん、はいと名《な》が云《い》えんよな男《おとこ》ぢゃって、役《やっ》せん坊《ぼ》も役《やっ》せん坊《ぼ》ぢゃいが。役《やっ》せん坊《ぼ》ぁ、丁寧《てね》あって、彼《あ》ん赤襯衣《あかしゃっ》も女子《おなご》んよな丁寧《てね》ねむんぢゃ

かねるが、何でも山嵐《やまあらし》がよくない奴だから用心しろと云うのらしい。そうならそうと確乎《はっきり》断言するがいい、男らしくもない。そうして、そんな悪るい教師なら、早く免職《めんしょく》さしたらよかろう。教頭なんて文学士の癖《くせ》に意《い》気地《くじ》のないもんだ。蔭口《かげぐち》をきくのでさえ、公然と名前が云えない位な男だから、弱虫に極《き》まってる。弱虫は親切なものだから、あの赤シャツも女の様な親切ものなんだろう。親切は親切、声は声だから、声が気に入

ろ。丁寧《てね》ぁ丁寧《てね》、声《こえ》ぁ声《こえ》ぢゃっで、声《こえ》が気《き》にいらんち、丁寧《てね》さゆ、無《ね》ごっひんなけちゃ筋《すっ》が通《とお》らん。なんちゅてん、大世間《うぜけん》な不思議《ふしっ》なむんぢゃ、なま好《す》かん奴《わろ》が丁寧《てね》ぃあっ、馬《んま》ん合《お》た同志《どひ》が横道者《おどむん》ぢゃっち、人《ひ》つ馬鹿《ば》けしちよっ。ま、地五郎《ぢごろ》ぢゃっでないでんかんでん東京《とーきょ》んさけ行《い》っとぢゃろ。うっぐゎざい所《とこい》ぢゃ。見《み》っみょ、火事《くわひ》が霜金《しもがね》ぃひん成《な》っ、石《いひ》がお壁《かべ》ぃ成《な》ぃかも知《し》たんど。ぢゃっどん、彼《あ》ん山嵐《やまあらい》が学校《がっこ》ん子《こ》を担《かた》げっ触《ふ》れまわっち、われ

らないって、親切を無にしちゃ筋が違う。それにしても世の中は不思議なものだ、虫の好かない奴が親切で、気の合った友達が悪漢《わるもの》だなんて、人を馬鹿にしている。大方田舎《いなか》だから万事東京のさかに行くんだろう。物騒《ぶっそう》な所だ。今に火事が氷って、石が豆腐《とうふ》になるかも知れない。然し、あの山嵐が生徒を煽動《せんどう》するなんて、いたずらをしそうもないがな。一番人望のある教師だと云うから、やろうと思ったら大抵《たいてい》の事は出来るかも知れない

こっのごねすいごちゃ無《ね》が。一番好《いっばんす》かるい教師《きょーし》ぎゃっち云《ゆ》むんぎゃって、やろち考《かん》ぐれば何《な》いでん出来《でく》ぃかも知《し》たんどん、――。わいも其《そ》げな廻《まわ》いくぢ事《こ》つせんでん、じき俺《お》ゆ捕《つか》めぇっ喧嘩《けんくわ》を吹《ふ》っ懸《か》くれば面倒《めんど》せん筈《はっ》ぢゃ。俺《おい》が邪魔《じゃめ》ないなぁ、本《ほん》の事《こ》ちゃ是《こ》げん是《こ》げんぢゃ、邪魔《じゃめ》なったで辞職《やめ》っ呉《く》れち云《ゆ》えゃ、良《よ》かとに。事《こ》ちゃ尋《たん》ねたいなしたいで、どげんでぃ成《な》っ。彼《あ》いが云事《ゆこっ》が、あたいめぇんこっぢゃれば、明日《あした》でん辞職《やめ》させっくるっ

が、――第一そんな廻《まわ》りくどい事をしないでも、じかにおれを捕《つら》まえて喧嘩《けんか》を吹《ふ》き懸《か》けりゃ手数が省ける訳だ。おれが邪魔《じゃま》になるなら、実はこれこれだ、邪魔だから辞職してくれと云や、よさそうなもんだ。物は相談ずくでどうでもなる。向うの云い条が尤もなら、明日《あした》にでも辞職してやる。ここばかり米が出来る訳でもあるまい。どこの果へ行ったって、のたれ死はしない積《つもり》だ。山嵐も余《よ》っ程《ぽど》話せない奴だな。

で。此処《ここ》ばっかい米《こめ》が出来《でく》い訳《わけ》でんあいめ。どこん果《は》てぃ行《い》たち、ほたいけ死《し》んにゃせん積《つ》もいぢゃいが。山嵐《やまあらい》もがっつい話《はなひ》の分《わ》からん奴《わろ》ぢゃいが。

（中略）

今度《こんど》いっの厄介事《やっけご》ちゃ、がっつい赤襯衣《あかしゃっ》が、うらないゆ遠《と》ざけっ、マドンナゆ懐《つくろ》ぃ入《い》るっち策略《かん》げぢゃろち俺《おい》が云《ゆ》た事《こっ》なぁ、やっぱい其《そ》げんぢゃろ。彼奴《あんわろ》ぁ、おとなし面《つら》をしっせぇ、悪事《われこっ》しっせぇ、人《ひと》が何《ない》か云《ゆ》と、ちゃんち逃《に》げ道《み》つ拵《こした》えっ待《ま》っちょったっで、よっぽどん、ひね

（中略）

今度の事件は全く赤シャツが、うらなりを遠《とおざ》けて、マドンナを手に入れる策略なんだろうとおれが云ったら、無論そうに違ない。あいつは大人しい顔をして、悪事を働いて、人が何か云うと、ちゃんと逃道を拵《こし》らえて

きんぢゃいが。彼《あい》げなん奴《わろ》ぃかかいよえば、すっ撲《さ》くっ裁《さば》かんにゃ利《き》かんち、瘤《こっ》ばっかいの腕《うで》をひん捲《ま》くっ見《み》せた。俺《お》や序《つい》でやっで、わいが腕《ごて》は強《つえ》ごっあらいね柔《やあら》でんやっかち聞《き》っみた。ほしたなぁ、大将殿《たいしょうどん》な二《に》の腕《うで》ぃ、力瘤《ちからこぶ》ゅ入《い》れっせぇ、ちっとばっかいひっ攫《つか》んみょち云《ゆ》うむんぢゃっで、指《ゆっ》の先《さっ》で揉《も》もんたくっみたなぁ、文《あや》ん無《ね》事《こっ》ぢゃいが湯屋《ゆや》いあっ軽石《がいし》んよなむんぢゃいが。

俺《お》ゃ余《あんま》い感心《かんしん》したむんぢゃっで、はんな其《そ》ん位腕《くれうで》なぁ、赤襯衣《あかしゃっ》の五人《ごにん》やぁ六人《ろっにん》な、一度《いっど》きほたい飛《と》ばさるっかも知《し》たんち聞《き》た事《こっ》なぁ、や、ぢゃいがち云《ゆ》っせぇ、けん曲《ま》

待ってるんだから、余っ程奸物《かんぶつ》だ。あんな奴にかかっては鉄拳《てっけん》制裁でなくっちゃ利《き》かないと、瘤《こぶ》だらけの腕をまくって見せた。おれは序《つい》でだから、君の腕《うで》は強そうだな柔術《じゅうじゅつ》でもやるかと聞いてみた。すると大将二の腕へ力瘤を入れて、一寸攫《つか》んでみろと云うから、指の先で揉《も》んでみたら、何の事はない湯屋にある軽石の様なものだ。

　おれは余り感心したから、君その位の腕なら、赤シャツの五人や六人は一度に張り飛ばされるだろうと聞いたら、無論さと

げた腕《うで》をひん伸《の》べたい、縮《ち》じゅませたいしたなぁ、力瘤《ちからこっ》がぐるんぐるん皮《かわ》ん中《なか》で回転《かいてん》ぬすっ。がっつい面白《おもし》て。山嵐《やまあらし》が証《あか》すい事《こ》ちな、勧進紙縒《くわんじんかんよ》いゅ、二本《にほん》よい寄《よ》せっ、此《こ》ん力瘤《ちからこっ》が出《で》っ所《とこ》ぃ、巻《ま》っ付《つ》けっむくろいき、腕《うで》を曲《ま》ぐっと、ぷっつい切《き》るいごちゃっ。勧進紙縒《くわんじんかんよ》いなぁ、俺《おい》やってん出来《でく》いごちゃっち云《ゆ》た事《こっ》なぁ、出来《でく》ぃむんか、出《で》来《く》ぃなぁやっみょち来《き》たでぁ。切《き》れんと外面《そとづら》が悪《わ》ぃむんぢゃっで、俺《お》ゃ見合《みお》わせたが。

　はんなどげんな、今夜《こんにゃ》ん送《そ》別会《べっくわ》ぃ、あばてんねひん飲《の》んだ後《あと》ぃ、赤襯衣《あかしゃっ》と野《の》だゆ、すっ撲《さ》くっやらんかち、

云いながら、曲げた腕を伸《の》ばしたり、縮ましたりすると、力瘤がぐるりぐるりと皮のなかで廻転する。頗《すこぶ》る愉快《ゆかい》だ。山嵐の証明するところによると、かんじん綯《よ》りを二本より合せて、この力瘤の出る所へ巻きつけて、うんと腕を曲げると、ぷつりと切れるそうだ。かんじんよりなら、おれにも出来そうだと云ったら、出来るものか、出来るならやってみろと来た。切れないと外聞がわるいから、おれは見合せた。

　君どうだ、今夜の送別会に大

面白《おもし》てかぶっ話《はな》すしっ見《み》たこっなぁ、山嵐《やまあらし》ゃぢゃらいなあち、考《かん》げっ居《ちょ》ったどん、今夜《こんにゃ》ぁ、ま、止《や》むぃがち云《ゆ》た。ないごてち聞《き》けば、今夜《こんにゃ》ぁ、古賀《こが》ぃ気《き》の毒《どく》すっち——ぢゃっで、どーせんこちなぁ、彼《あ》ん奴共《わろどん》が悪《わ》ぃ所《とこい》ゅ見届《みとど》けっ現場《げんば》ですっ撲《さ》くらんこちな、こっちん方《ほ》が落《お》っ度《ど》ぃひん成《な》っでち、訳《わけ》が分《わ》かったよな、事《こ》つ付《つ》け加《くわ》えたち。山嵐《やまあらし》でん俺《おい》よっかんな考《かん》げが有《あ》ぃち見《み》ゆぃ。

　ほいなぁ、演説《えんぜつ》しっ、古賀君《こがくん》ぬ、いっぺこっぺ褒《ほ》めっ遣《や》っみょ、俺《おい》がすれば江戸《えど》っ子《こ》んぺらぺらいなっせぇ、いかん。ほしてほら、定《さだ》まった所《とこ》れ出《で》れば、いっきんこ

に飲んだあと、赤シャツと野だを撲《なぐ》ってやらないかと面白半分に勧《すす》めてみたら、山嵐はそうだなと考えていたが、今夜はまあよそうと云った。何故と聞くと、今夜は古賀に気の毒だから——それにどうせ撲る位なら、あいつらの悪るい所を見届《みとどけ》て現場で撲らなくっちゃ、こっちの落度になるからと、分別のありそうな事を附加《つけた》した。山嵐でもおれよりは考えがあると見える。

　じゃ演説をして古賀君を大にほめてやれ、おれがすると江戸っ子のぺらぺらになって重みが

んめ、たばくすい如《ご》っ成《な》っ喉首《のどくっ》の所《とこ》ぃ、太《ふ》っとか丸《たま》が上《あ》がっ来《き》っせぇ、言葉《ことば》が出《で》らんむんぢゃっで、はんに譲《ゆず》っでち、云《ゆ》たこっなぁ、しゅだ病《やんめ》ぢゃいな、ほいなぁ、はんな人《ひと》ん中《なか》ぢゃ物《もの》ぁ云《ゆ》が出来《でけ》んとな、困《こま》ったこっぢゃろち、聞《き》っむんぢゃっで、何《な》い其《そ》げん困《こま》ぃ事《こ》ちゃ無《ね》ち返事《へず》し居《ちょ》ったが。

（中略）

「教頭《きょーと》ん職《しご》つ持《も》っちょい者《むん》が何事《ないご》て角屋《かどや》ぃ行《い》たっひっ泊《と》まった」と山嵐《やまあらしゃ》ぁ、いっき捩《ね》じぃ込《く》だ。

なくていけない。そうして、きまった所へ出ると、急に溜飲《りゅういん》が起って咽喉《のど》の所へ、大きな丸《たま》が上がって来て言葉が出ないから、君に譲《ゆず》るからと云ったら、妙な病気だな、じゃ君は人中じゃ口は利けないんだね、困るだろう、と聞くから、何そんなに困りゃしないと答えて置いた。

（中略）

「教頭の職をもってるものが何で角屋へ行って泊《とま》った」と山嵐はすぐ詰《なじ》りかけた。

「教頭《きょーと》ぁ、角屋《かどや》ぃ泊《と》まっせぇ悪《わ》りち、規則《きそっ》があいなぉ」ち赤襯衣《あかしゃち》ゃやっぱい良《よ》か言葉《ことば》どん使居《つこちょ》っ。面《つら》ん色《いろ》ぁちっとばっかい蒼《あ》ぇ。

「取《と》り締《し》まぃの上《うえ》ぃ都合《つごう》ん悪《わり》ぃ事《こっ》ぢゃっで。蕎麦屋《そばや》やら団子屋《だんごや》せぇ這《へ》ぃ入《く》っいかんにゃち云《ゆ》位《ぐれ》真《ま》正直《しょっ》な人《しと》が、ないごて芸者《げいしゃ》と、いっしょき宿屋《やどや》ぃ泊《と》まぃ込《く》だ」野《の》だぁ、隙《す》く見《み》ちゃひん逃《に》ぐちすっで俺《おい》ゃいっき前《まえ》ぃ立《た》っ塞《ふさ》がっせぇ、「べらんめぇ坊《ぼん》どんち、ないごっか」ち怒《が》いつけたなぁ、「んにゃ、はんの事《こ》つ云《ゆ》

「教頭は角屋へ泊って悪るいという規則がありますか」と赤シャツは依然《いぜん》として鄭寧《ていねい》な言葉を使ってる。顔の色は少々蒼い。

「取締上不都合だから、蕎麦屋《そばや》や団子屋へさえ這入っていかんと、云う位謹直な人が、なぜ芸者と一所に宿屋へとまり込んだ」野だは隙を見ては逃げ出そうとするからおれはすぐ前に立ち塞がって「べらんめえの坊っちゃんた何だ」と怒鳴り付けたら、「いえ君の事を云ったんじゃないんです、全くないんで

たとじゃなかと、がっついなかと」ち辣薤面《だっきょづら》い言訳《ゆわけ》がましか事《こ》つきし返《か》やした。俺《おい》ゃ此《こ》ん時《と》っ気《き》が付《つ》っ見《み》たなぁ、両方《まんぼ》ん手《て》でわい我《われ》ん鉄砲《てっぷ》袖《そで》ん中《なか》ん卵《たまご》がぶらいぶらいしっ困《こま》って、両方《まんぼ》ん手《て》で握《にぎ》ぃ握《にぎ》ぃしっ来《き》たとぢゃっ。俺《おい》ゃいっきこんめ鉄砲《てっぷ》袖《そで》ぃ手《て》を入《い》れっ、卵《たまご》を二《ふた》つ取《と》ぃ出《だ》せっ、やっち云《ゆ》たぃなしたいしっせえ、野《の》だん面《つら》ぃきし叩《たた》っ付《つ》けた。卵《たまご》がぐしゃっち割《わ》れっ鼻《はな》ん先《さ》っかぁ黄《き》味《ん》がひん流《なが》れっ始《はひ》めた。野《の》だぁ、がっついひったまがったち見《み》

す」と鉄面皮に言訳がましい事をぬかした。おれはこの時気がついて見たら、両手で自分の袂を握《にぎ》ってる。追っかける時に袂の中の卵がぶらぶらして困るから、両手で握りながら来たのである。おれはいきなり袂へ手を入れて、玉子を二つ取り出して、やっと云いながら、野だの面《つら》へ擲《たた》き付けた。玉子がぐちゃりと割れて鼻の先から黄味がだらだら流れだした。野だは余っ程仰天《ぎょうてん》したものと見えて、わっと言いながら、尻持《しりもち》をついて、助

えっ、わっ云《ゆ》たぃなしたぃしっ、尻《し》ごを付《ちけ》っ、助《たひ》けっ呉《く》れち云《ゆ》た。俺《おい》ゃ食《く》う為《ため》い卵《たまご》ぁ買《こ》たどん、打《う》っ付《つ》くぃ為《ため》ぃ鉄砲袖《てっぷそで》ぃ入《い》るぃ訳《わけ》ぢゃ無《な》か。只《ただ》しんけい成《な》ぃ為《ため》ぃ、いっのこめか、自然《じねん》と打《う》っ付《つ》けっしもたとぢゃぃが。ぢゃっどんからん、野《の》だが尻《し》ごを付《ち》たとこぃゆ見《み》ぃ出《だ》せっ、俺《おい》が遣《や》ぃ上《や》げた事《こ》ち気《き》っが付《つっ》むんぢゃっで、こーしっきゃ、こーしっきゃち云《ゆ》たいなしたいしっ、残《のこ》いの六《むっ》つをいけんでんこげんでんしっ叩《たた》っつけたなぁ、野《の》だぁ

けてくれと云った。おれは食う為《た》めに玉子は買ったが、打《ぶ》つける為めに袂へ入れてる訳ではない。只肝癪《ただかんしゃく》のあまりに、ついぶつけるともなしに打つけてしまったのだ。然し野だが尻持を突いたところを見て始めて、おれの成功した事に気がついたから、此畜生《こんちきしょう》、此畜生と云いながら残る六つを無茶苦茶に擲き付けたら、野だは顔中黄色になった。

面中黄《つらぢゅき》ゅ成《な》った。

俺《おい》が卵《たまご》を叩《たた》っ付《つ》けちょいうち、山嵐《やまあらし》と赤《あか》襯衣《しゃち》ゃ未《ま》だ談判《だんぱん》の最中《さいちゅ》ぢゃっ。

「芸者《げいしゃ》を連《つ》れっ俺《おい》が宿屋《やどや》ぃ泊《と》まったち云《ゆ》、証《あか》しまだあいなお」

「宵口《いのく》ち、我《わい》が馴染《なじゅ》んの芸者《げいしゃ》が角屋《かどや》ぃ這込《へく》だとを見《み》っせぇ云事《ゆこっ》ぢゃ。胡魔化《ごまか》しが成《な》ぃもんか」

「胡魔化《ごまか》すぃ事《こ》ちゃ無《ね》。俺《おい》ゃ吉川君《よしかわくん》と二人《ふたい》で泊《と》またとぢゃっ。芸者《げいしゃ》が宵口《いのく》ち這込《へく》んが、這《へ》

おれが玉子をたたきつけているうち、山嵐と赤シャツはまだ談判最中である。

「芸者を連れて僕《ぼく》が宿屋へ泊ったと云う証拠《しょうこ》がありますか」

「宵に貴様のなじみの芸者が角屋へ這入ったのを見て云う事だ。胡魔化《ごまか》せるものか」

「胡魔化す必要はない。僕は吉川君と二人で泊ったのである。芸者が宵に這入ろうが、這入るまいが、僕の知った事ではな

込《くん》めが、俺《おい》が知《し》った事《こっ》ぢゃ無《ね》」

「だまらんか」ち山嵐《やまあらし》ゃ拳《げん》ぬ食《く》らわした。赤《あか》襯衣《しゃち》ゃよろいよろいしたどん、「是《こ》や大《う》暴《あば》れぢゃっ、暴《あば》れ五《ご》郎《ろ》ぢゃっ。良《よ》かも悪《わ》りも云《ゆ》わじ、拳《げん》でくるちゅぁ、なっちょらん」

「なっちょらんてぃ良《よ》か良《よ》か」ちまたすっ撲《さ》くい。「うんがいな、ひねきんな、すっ撲《さ》くらんこちな、答《こた》えんたいが」ち、ぼっくぃぼっくぃすっ撲《さ》くい。俺《おい》も一時《いっと》き野《の》だゆ、いっぺこっぺすっ撲《さ》くった。仕舞《しめ》にゃ二人《ふたい》とめ杉《すっ》

い」

「だまれ」と山嵐は拳骨《げんこつ》を食《くら》わした。赤シャツはよろよろしたが「これは乱暴だ、狼藉《ろうぜき》である。理非を弁じないで腕力《わんりょく》に訴えるのは無法だ」

「無法で沢山《たくさん》だ」とまたぽかりと撲《な》ぐる。「貴様の様な奸物《かんぶつ》はなぐらなくっちゃ、答えないんだ」とぽかぽかなぐる。おれも同時に野だを散々に擲き据《す》えた。仕舞《しまい》には二人とも杉の根方にうずくまって動けないのか、眼が

の木の根張《ねば》い蹲《く》ろんぢっ、動《いご》っが出来《でけ》んとか、眼《め》がちらんちらんすっとか逃《に》ぐぃともせん。

「も、安堵《あんど》せたか。安堵《あんど》せんにゃ、まだすっ撲《さ》くっ呉《く》るっで」ち、ぼっくぃぼっくぃ二人《ふたい》ですっ撲《さ》くれば、「も、良《よ》か良《よ》か」ち云《ゆ》た。野《の》だに「うんも安堵《あんど》したか」ち聞《き》たなぁ「良《よ》かくさして」ち返事《へず》した。

「うんどま、ひねきんぢゃって、此《こ》げんして天誅《てんちゅ》を加《くわ》ゆっとぢゃ。此《こ》いに懲《こ》りっ是《こい》かぁい

ちらちらするのか逃げようともしない。

「もう沢山か、沢山でなけりゃ、まだ撲ってやる」とぽかんぽかんと両人《ふたり》でなぐったら「もう沢山だ」と云った。野だに「貴様も沢山か」と聞いたら「無論沢山だ」と答えた。

「貴様等は奸物だから、こうやって天誅《てんちゅう》を加えるんだ。これに懲《こ》りて以来つつしむがいい。い

な慎《つつし》んが良《よ》か。どしこ言葉《ことば》を使《つ》こっ弁《べん》が立《た》ってん正義《せいぎ》ぁこれっくれんど」ち山嵐《やまあらい》が云《ゆ》たこつなぁ二人《ふたい》とめうん黙《だま》っ居《ちょ》った。かった口《く》っ聞《き》っとが強《こ》えかったかも知《し》たん。

「俺《おい》ゃ逃《に》げも隠《かく》れもせん。今夜五時《こんにゃこじ》づいや浜《はま》ん港屋《みなとや》に居《お》い。用事《ゆし》が有《あ》れば巡査《じゅんさ》どんじゃち、誰《だ》いでん連《つ》れっ来《け》」ち山嵐《やまあらい》が云《ゆ》たもんぢやって、俺《おい》も「俺《おい》も逃《に》げも隠《かく》れもせんど。堀田《ほった》と同《おんな》し所《とこ》ぃ待《ま》っ居《ちょ》っで警察《けいさ》ち訴《うった》ゆいごちゃれば、勝手《かって》ぃ訴《うった》えんか」ち云《ゆ》っ、二人《ふたい》して

くら言葉巧《たく》みに弁解が立っても正義は許さんぞ」と山嵐が云ったら両人共だまっていた。ことによると口をきくのが退儀《たいぎ》なのかも知れない。

「おれは逃げも隠《かく》れもせん。今夜五時までは浜の港屋に居る。用があるなら巡査なりなんなり、よこせ」と山嵐が云うから、おれも「おれも逃げも隠れもしないぞ。堀田と同じ所に待ってるから警察へ訴《うった》えたければ、勝手に訴えろ」と云って、二人してすたすたあるき出した。

すったんすったん歩《さり》っ出《で》た。

（中略）

其《そ》ん晩《ばん》、俺《おい》と山嵐《やまあらし》ぁ、こん不浄《ふじょ》ん地《ち》ゅ離《はな》れた。船《ふね》が岸《き》す離《はな》れば離《はな》るいひこ、良《よ》か気持《きも》っがした。神戸《こうべ》かぁ東京《とーきょ》づいゃ、直行《ちょっこ》で新橋《しんばし》ぃ着《ち》た時《とき》ゃ、漸《やっ》ときっと娑婆《しゃ》べ出《で》た様《よ》な気《き》がした。山嵐《やまあらし》とぁいっき分《わ》かれたぎい今日《きゅ》づい行《い》つきょ機会《きくわい》が無《ね》。

清《きよ》ん事《こ》つ話《はな》しとをけ忘《わす》れ居《ちょ》った。――俺《おい》が東京《とーきょ》せぇ着《ち》っせぇ下宿《げしゅく》へ行《い》かじ、革鞄《かばん》ぬ提《さ》げ

（中略）

その夜おれと山嵐はこの不浄《ふじょう》な地を離《はな》れた。船が岸を去れば去る程いい心持ちがした。神戸から東京までは直行で新橋へ着いた時は、漸く娑婆《しゃば》へ出た様な気がした。山嵐とはすぐ分れたぎり今日まで逢《あ》う機会がない。

清の事を話すのを忘れていた。――おれが東京へ着いて下宿へ

た儘《まん》ま、清《きよ》よ戻《もど》ったどち飛っ込《つく》んだなぁ、あらいよー坊《ぼん》どん、ゆくさ、早《は》よ戻《もど》っ来《き》て給《た》もしたち涙《なんだ》をくゎらいくゎらい落《お》てた。俺《おい》もあんまい嬉《うれ》しかったむんぢゃっで、も田舎《いなけ》にゃ行《い》かん、東京《とーきょ》で清《きよ》とうちを持《も》っとぢゃっち云《ゆ》た。

其《そ》ん後《あて》なんとかち云人《ゆひと》ん仲立《なかだ》っで街鉄《がいてっ》の技手《ぎしゅ》ぃ成《な》った。月給《げっきゅ》は二十五円《にじゅうごえん》で、宿賃《やどちん》な六円《ろくえん》ぢゃっ。清《きよ》ゃ玄関《げんくゎんつ》付きん家《え》ぢゃん無《の》してん、物凄《ものす》げ安堵《あんど》した様子《ゆし》ぢゃたどん気《き》の毒《どっこ》な事

も行かず、革鞄《かばん》を提《さ》げたまま、清や帰ったよと飛び込んだら、あら坊っちゃん、よくまあ、早く帰って来て下さったと涙《なみだ》をぽたぽたと落した。おれも余り嬉《うれ》しかったから、もう田舎《いなか》へは行かない、東京で清とうちを持つんだと云った。

その後ある人の周旋《しゅうせん》で街鉄《がいてつ》の技手になった。月給は二十五円で、家賃は六円だ。清は玄関《げんかん》付きの家でなくっても至極《しごく》満足の様子であったが気の毒な事に今

て、今年《ことし》の二月肺炎《にがちはいえん》に患《かか》っけ死《し》ん仕舞《しも》た。け死《し》ん前《まえ》ん日《ひ》俺《お》ゅ呼《よ》んせぇ、坊《ぼん》どんどうかち云《ゆ》事《こっ》ぢゃっで清《きよ》がけ死《し》んだなぁ、坊《ぼん》どんが御寺《おてら》い埋《う》めっくいやんせ。御墓《おはか》ん中《なか》で坊《ぼん》どんが来《く》っとを楽《たの》しゅんに待《ま》っ居《ちょ》い申《も》すち云《ゆ》た。ぢゃっで清《きよ》ん墓《はか》ぁ小日向《こひなた》ん養源寺《ようげんじ》ぃ有《あ》っ。

（鹿児島弁の「し」は無声子音で発音する場合があり、たとえば「山嵐＝やまあらし」は「やまあらい」と発音することがある）

（鹿児島弁『坊っちゃん』の冒頭の一節は橋口満氏の著作『残しておきたい鹿児島弁』〔高城書房刊〕より引用させていただきました）

年の二月肺炎《はいえん》に罹《かか》って死んでしまった。死ぬ前日おれを呼んで坊っちゃん後生《ごしょう》だから清が死んだら、坊っちゃんの御寺へ埋《う》めて下さい。御墓のなかで坊っちゃんの来るのを楽しみに待っておりますと云った。だから清の墓は小日向《こびなた》の養源寺《ようげんじ》にある。

（夏目漱石『坊っちゃん』新潮文庫より）

【鹿児島弁の効能】　気骨のある身体になる

いやあ、びっくりした。鹿児島弁がこれほどまでにパワフルだとは。とにかく勢いがすごい。息がどんどんつきだしてくる感じだ。気骨のある身体から生まれる言葉だ。

薩摩藩独特の剣術に示現流《じげんりゅう》という一派がある。はじめの一振り（初太刀《しょだち》）にすべてを賭けるという思い切りのいい気合いの入った剣法だ。しっかり腰肚《こしはら》を決めて中心軸をつくり、息を臍下《せいか》丹田《たんでん》にためて一気に振り下ろす。ちょうどこんな感じのいきのよさが鹿児島弁にも感じられる。

本書では、橋口満先生に夏目漱石の『坊っちゃん』を鹿児島弁に訳していただき、和田周さんに朗読をしていただいた。これは実に最強のペアであった。スタジオで聞いている私たちはみな驚嘆した。意味がすべてわかるわけではないのだが、しっかりと心に突き刺さってくる。そんな力のある言葉だ。

あまりにも強烈な印象を受けたので、このテキストを鹿児島出身の学生に読んでもらおうとしたのだが、テキストを見てさえまったく読み上げることができないという。これほどまでに急速にこんなに魅力のある言葉が衰退しているのかと思うと強い危機感を持った。一説には幕府のスパイに情報を与えないようにいっそう方言を複雑にしたとも言われている。歴史の染み込んだ方言だ。

テキスト作成を小学校の校長をなさっている橋口先生にお願いしたのは、先生の『残しておきたい鹿児島弁』（高城書房）という著書に『坊っちゃん』の冒頭部分の鹿児島弁版が収められていたからだ。同書には常体《じょうたい》表現と敬体《けいたい》表現の二種類が一頁ずつ載せられている。本書では、『坊っちゃん』の歯切れのよさを生かすため、常体表現で冒頭以降も相当に長く鹿児島弁に訳していただいた。

朗読の和田周さんは演劇家だ。「夜の樹」という演劇組織を主宰している。和田さんの声には重みがあり、力がある。女優の吉行和子さんは和田さんと映画で共演したときのことをこう書いている。「それはフィクションである事は間違いないのだが、本当の話に違いない、とすら確信してしまいたくなるくらい、真実の声音が伝わって来た。彼の声には、いつも真実がつまっている――。あの声で語られると、つい深く頷いてしまうな、と今思い出す」（和田周戯曲集『つたえてよ　フランケンシュタインに』）。本書の鹿児島弁『坊っちゃん』も、和田さんの深い声で圧倒的な迫力を持ってこちらに伝わってくる。

「京都弁（京ことば）の湯」の効能

しっとりと落ち着いた身体になる。

「どの天子《てんし》さんの御代《みよ》のことでございましたやろか。」

（源氏物語）

――朗読　井上由貴子

京都弁（京ことば）【源氏《げんじ》物語《ものがたり》】17

（桐壺《きりつぼ》）

どの天子《てんし》さんの御代《みよ》のことでござりましたやろか。女御《にょうご》や更衣《こうい》が大勢侍《おおぜいはべ》っといやしたなかに、そないに重《おも》い身分《みぶん》の方《かた》ではござりまへえなんだが、それはそれは時《とき》めいといやすお方《かた》がござりました。

紫式部《むらさきしきぶ》『源氏物語』

（桐壺《きりつぼ》）

いづれの御時《おおんとき》にか。女御《にょうご》・更《こう》衣《い》、あまたさぶらひ給《たま》ひけるなかに、いと、やむごとなき際《きわ》にはあらぬが、すぐれて時《とき》めき給ふ、ありけり。

はじめから、ご自分《じぶん》こそはと、自惚《うぬぼ》れをもっといやすお方々《かたがた》は、出《で》すぎた女《しと》やと、さげすんだり嫉《ねた》んだりしておいでどす。おんなじぐらいやら、もっと下《した》の更衣《こうい》たちは、なおさら気《き》が休《やす》まりまへん。朝晩《あさばん》の宮仕《みやづか》えのたんびに、人《ひと》さんの気《き》ィばっかりもまして、恨《うら》みをうけたのがつもりつもったのどっしゃろか、病気《びょうき》がちで、心細《こころぼそ》そうに、お里《さと》にばっかり下《さが》らはりますので、余計《よけい》ふびんにお思《おも》い遊《あそ》ばして、人《ひと》のそしりもお構《かま》いやさんと、このこと

はじめより、「われは」と、思《おも》ひあがり給へる御《おん》かた〴〵、めざましき者に、おとしめ嫉《そね》み給ふ。おなじ程、それより下﨟《げろう》の更衣たちは、まして、安《やす》からず。朝夕《あさゆう》の宮仕《みやづか》へにつけても、人の心《こころ》をのみ動《うご》かし、恨《うら》みを負《お》ふつもりにやありけむ、いと、あつしくなりゆき、物《もの》心細《ぼそ》げに里《さと》がちなるを、いよ〳〵、「あかずあはれなるもの」に、思《おぼ》ほして、人の謗《そし》りをも、え憚《はばか》らせ給はず、世の例《ためし》にもなりぬべき、御もてなしなり。

が世《よ》の例《ため》しにもなってしまいそうなおもてなしでござります。

上達部《かんだちめ》や、殿上人《てんじょうびと》なども、どうしようものう、つい目《め》をそむけて、「ほんまに、みてられへんようなご寵愛《ちょうあい》ぶりやなあ。もろこしでも、きっとこないなことがもとで乱《らん》がおこり、困《こま》ったことになったんやがなぁ」と、時《とき》がたつにつれて世《よ》の中《なか》の人《ひと》も苦々《にがにが》しう、なやみの種《たね》にするようになり、楊貴妃《ようきひ》の例《ため》しも引《ひ》かれそうになったりして、ほんまにはしたないことばっかり多《おお》かったのどすけど、有難《ありがた》いご寵愛《ちょうあい》の、この上《うえ》ないのだけをたよりに、殿上《てんじょう》の

上達部《かんだちめ》・上人《うえびと》なども、あいなく目《め》をそばめつゝ、「いと、まばゆき、人の御思《おぼ》えなり」「唐土《もろこし》にも、かゝる、事の起《おこ》りにこそ、世も乱《みだ》れ、悪《あ》しかりけれ」と、やうやう、天《あめ》の下《した》にも、あぢきなう、人のもて悩《なや》みぐさになりて、楊貴妃の例《ためし》も、引《ひ》き出《い》でつべうなりゆくに、いとはしたなきこと多《おお》かれど、かたじけなき御心ばへの、類《たぐい》なきを頼《たの》みにて、まじらひたまふ。

おつき合《あ》いをしといやすのでござります。

父《ちち》の大納言《だいなごん》は亡《の》うならはりましたが、母北《ははきた》の方《かた》が、旧《きゅう》家《か》の出《で》ェの由緒《ゆいしょ》あるお人《ひと》どして、両親《おや》がうち揃《そろ》うて、世《せ》間《けん》の評判《ひょうばん》も華《はな》やかなお方々《かたがた》にも見劣《みおと》りせんと、どんな儀《ぎ》式《しき》もきちんとおつとめやしたけど、これというしっかりした後《うし》ろ盾《だて》がござりまへんので、何《なに》か事《こと》のある時《とき》は、やっぱり拠《よ》り所《どころ》がのうて、お心細《こころぼそ》そうでござります。

前世《ぜんせ》からの因縁《いんねん》がふこうおありやしたのか、この世《よ》にないような、綺麗《きれい》な玉《たま》の男《おのこ》の御子《みこ》までお生《う》まれやした。

父《ちち》の大納言は亡《な》くなりて、母《はは》北《きた》の方《かた》なむ、いにしへの人の、由《よし》あるにて、親《おや》うち具《ぐ》し、さしあたりて、世の思《おぼ》え花《はな》やかなる御かたぐ〳〵にも劣《おと》らず、何《なに》事の儀《ぎ》式《しき》をも、もてなし給ひけれど、とりたてて、はか〴〵しき後見《うしろみ》しなければ、事《こと》ある時《とき》は、なほ、より所なく、心細《ぼそ》げなり。

前《さき》の世にも、御契《ちぎ》りや深《ふか》かりけむ、世になく清《きよ》らなる、玉の男御子《おのこみこ》さへ、うまれ給ひぬ。

帝《みかど》は、「いつ参《まい》るのか」と待《ま》ち遠《どお》しがられて、急《いそ》いで参内《さんだい》させてご覧遊《らんあそ》ばすと、それはお美《うつく》しいお顔立《かおだ》ちの御子《みこ》どす。一《いち》の御子《みこ》は、右大臣《うだいじん》の女御《にょうご》の御腹《おんはら》でござりますさかい、後《うし》ろ盾《だて》もしっかりし、間違《まちが》いのおへんお世嗣《よつぎ》のお方《かた》やと、大事《だいじ》にお仕《つか》え申《もう》し上《あ》げてるのどすけど、こちらの御子《みこ》のお美《うつく》しいのには、くらべられそうにもおへんので、公《おおやけ》のお方《かた》としてのご丁重《ていちょう》なお心《こころ》だけで、この度《たび》の御子《みこ》をご自分《じぶん》だけの可愛《かわい》い子《こ》に遊《あそ》ばして、それはそれは大切《たいせつ》にしといやすのでござります。

「いつしか」と、心もとながらせ給ひて、いそぎ参《まい》らせて、御覧ずるに、珍《めず》らかなる、兒《ちご》の御かたちなり。一の御子《みこ》は、右大臣の女御の御腹《はら》にて、よせ重《おも》く、「疑《うたが》ひなき儲《もう》けの君」と、世《よ》にもてかしづき聞《きこ》ゆれど、この御匂《におい》ひには、ならび給《たま》ふべくもあらざりければ、おほかたのやむごとなき御思《おも》ひにて、この君をば、わたくし物に思《おぼ》ほし、かしづき給ふこと、限《かぎ》りなし。

御子《みこ》の母君《ははぎみ》は、はじめから御前《おまえ》にいつでもお仕《つか》えやすような低《ひく》い身分《みぶん》ではござりまへなんだ。人々《ひとびと》のもてなしも、この上《うえ》のうて、上臈《じょうろう》らしいお方《かた》どしたけど、ご無体《むたい》なほどお放《はな》しやさへんもんどすさかい、大事《だいじ》な管弦《かんげん》のお遊《あそ》びの折々《おりおり》、何《なに》かの時《とき》など、いつもまっさきにお召《め》しやして……、ある時《とき》なんどは、お床《とこ》の中《なか》でおそうまでおすごしになり、そのまゝまお傍《そば》に侍《はべ》らせやしたりなんぞされて、あんまり、お傍去《そばさ》らずにばっかりもてなし遊《あそ》ばすので、自然《しぜん》、軽《かる》い身分《みぶん》に見《み》えたりもしたのどしたけど、この御子《みこ》がお生《う》まれやしてからというもんは、たいそう

母《はは》君、はじめより、おしなべての上宮仕《うえみやづか》へし給ふべき際《きわ》にはあらざりき。思《おぼ》え、いとやむごとなく、上衆《じょうず》めかしけれど、わりなくまつはさせ給ふあまりに、さるべき御遊《あそ》びの折《おり》〳〵、何事《なにごと》にも、故《ゆえ》ある、事《こと》のふし〴〵には、まづ、まう上《のぼ》らせ給ひ、ある時《とき》には、大殿籠《おおとのごも》り過《す》ぐして、やがてさぶらはせ給ひなど、あながちに、お前《まえ》さらず、もてなさせ給ひし程《ほど》に、おのづから、軽《かろ》き方にも見えしを、この御子《みこ》生まれ給ひて後《のち》は、いと心《こころ》ことに、おもほし掟《おき》てたれば、「坊

お気《き》をあらためて、きちっと遊《あそ》ばすので、春宮《とうぐう》の坊《ぼう》にも、ひょっとすると、この御子《みこ》がお座《すわ》りになるのかもしれへんと、一《いち》の御子《みこ》の女御《にょうご》は、お疑《うたが》いやすのどす。どなたよりもさきに入内《じゅだい》されて、帝《みかど》のやんごとない思《おぼ》し召《め》しも一《ひと》方《かた》ではのう、御子《みこ》たちもおいやすのどすさかい、このお方《かた》のお小言《こごと》だけは、やっぱり、うるさいやらこわいやらと、思《おも》うておいでてでござりました。有難《ありがた》い帝《みかど》の思《おぼ》し召《め》しを、頼《たの》みの綱《つな》とはしておいやすもんの、けなしたり、あらを探《さが》したりおしやすお方《かた》はたんとおありで、我《わ》が身《み》は弱《よお》うて、頼《たよ》りない有様《ありさま》でござりますさかい、なまじいに

にも、ようせずば、この御子《みこ》の居《い》給ふべきなめり」と、一の御《み》子《こ》の女御は、思《おぼ》し疑へり。人よりさきに、まゐり給ひて、やむごとなき御思《おも》ひ、なべてならず、御子《みこ》たちなどもおはしませば、この御方《かた》の御諫《いさ》めをのみぞ、なほ《お》、「わづらはしく、心苦《ぐる》しう」思ひ聞《きこ》えさせ給ひける。かしこき御蔭《かげ》をば、たのみ聞《きこ》えながら、貶《おと》しめ、疵《きず》を求め給ふ人は多《おお》く、わが身はか弱《よわ》く、物はかなき有様《ありさま》にて、なか〳〵なる物思《おも》ひをぞし給ふ。御局《つぼね》は、桐壺《きりつぼ》なり。

物思《ものおも》いが多《おお》いのどす。この御局《みつぼね》の名《な》は、桐壺《きりつぼ》でございます。

大勢《おおぜい》の御方々《おおんかたがた》のお局《つぼね》を素通《すどお》りおしやして、しょっちゅうお渡《わた》り遊《あそ》ばすので、人《ひと》さんが気《き》をおもみやすのも、ほんまに無理《むり》もないと思《おも》われます。御前《おまえ》にお上《のぼ》りやす時《とき》も、あんまりしきりな折《おり》には、打橋《うちはし》や渡殿《わたどの》のあっちこっちの道《みち》に、汚《きたな》いことがしかけておして、御送《おんおく》り迎《むか》えの女房《にょうぼう》の着物《きもの》の裾《すそ》が台《だい》なしになる、そんなひどいこともあるのどす。ある時《とき》は、どうでも通《とお》らんならん、馬道《めどう》の戸《と》を通《とお》せんぼうして、あっちとこっちでしめしあわせて、きまりのわるい困《こま》ったことにおさせやす事《こと》も多《おお》いのでございま

　あまたの御かた〲を過《す》ぎさせ給ひつゝ、ひまなき御前渡《まえわた》りに、人の御心を盡《つ》くし給ふも、「げに、ことわり」と見《み》えたり。まう上《のぼ》り給ふにも、あまりうちしきる折《おり》〱は、打橋《うちはし》・渡殿《わたどの》のこゝかしこの道《みち》に、あやしきわざをしつゝ、御送《おく》り迎《むか》への人の衣《きぬ》の裾《すそ》堪《た》へがたう、まさなきこともあり。又、ある時《とき》は、えさらぬ馬道《めどう》の戸《と》をさしこめ、こなたかなた、心を合《あ》はせて、はしたなめ、煩《わずら》はせ給ふ時《とき》も多《おお》かり。事《こと》にふれて、数知《かずし》らず、苦《くる》

した。何《なに》かというと、数《かぞ》えきれんほど、辛《つら》いことばっかりござりますさかい、いとう困《こま》りきっといやすのを、よけい可哀《かわい》そうや、と思《おぼ》し召《め》して、後涼殿《こうろうでん》に前《まえ》から侍《はべ》ってはる更衣《こうい》の局《つぼね》を、ほかへ移《うつ》さして、上局《うえつぼね》に下《くだ》さるのどす。その更衣《こうい》の恨《うら》みというたら、もう、やりばがおへん。

この御子《みこ》が三《み》つにおなりやす年《とし》、御袴着《おおんはかまぎ》のことを、一《いち》の御子《みこ》におしやしたのと同《お》んなじように、内蔵寮《くらづかさ》や納殿《おさめどの》のもんをみんな持出《もちだ》して、大《たい》そうにおさせやす。そんな時《とき》にも、世《よ》の中《なか》の誹《そし》りの声《こえ》は高《たこ》うおしたけど、この御子《みこ》が大《おお》きうおなりやすにつれて、お顔《かお》やお心《こころ》ばえが、めっ

しきことのみまされば、いといたう思ひ侘《わ》びたるを、「いとゞあはれ」と、御覧《ごらん》じて、後涼殿《こうろうでん》に、もとよりさぶらひ給ふ更衣の曹司《ぞうし》を、ほかに移させ給ひて、上局《うえつぼね》に賜《たま》はす。その恨《うら》み、まして、やらむかたなし。

この御子《みこ》、三《み》つになり給ふ年《とし》、御袴着《はかまぎ》のこと、一の宮のたてまつりしに劣《おと》らず、内蔵寮《くらづかさ》・納殿《おさめどの》の物を盡《つ》くして、いみじうせさせ給ふ。それにつけても、世の誹《そし》りのみ多かれど、この御子《み》のおよずけもておはする御かたち・心ばへ、ありがたく珍《めずら》し

たにないほど結構《けっこう》どしたので、嫉《ねた》んでばかりもいられへんのでござりました。もののわかったお人《ひと》は、「こないな人《ひと》も、お生《う》まれになるんやなあ」と、あきれて目《め》をみはっといやす。

（若紫《わかむらさき》）

春《はる》の日《ひ》はたいそう長《なご》うおして、退屈《たいくつ》どすので、夕暮《ゆうぐ》れ時《どき》のひどう霞《かす》んでるのにまぎれて、あの小柴垣《こしばがき》の許《もと》にお出《で》ましやす。お供《とも》の人《ひと》はお帰《かえ》しやして、惟光《これみつ》の朝臣《あそん》と覗《のぞ》いとおみやすと、すぐそこの西面《にしおもて》のお部屋《へや》に持仏《じぶつ》をお据《す》え申《もう》して、お勤《つと》めしている尼《あま》がいるのどした。簾《すだれ》を少《すこ》し

きまで見えたまふを、え嫉《そね》みあへ給はず。物の心知《し》り給ふ人は、「かゝる人も、世に出《い》でおはする物なりけり」と、あさましきまで、目《め》を驚《おどろ》かし給ふ。

（若紫《わかむらさき》）

日も、いと長《なが》きに、つれ〴〵なれば、夕暮《ゆうぐれ》のいたう霞《かす》みたるに紛《まぎ》れて、かの小柴垣《こしばがき》のもとに立《た》ち出《い》で給ふ。人々は、かへし給ひて、惟光の朝臣と、のぞきたまへば、たゞ、この西《にし》おもてにしも、持佛《じ》すゑたてまつりておこなふ、尼《あま》なりけり。簾垂《すだれ》す

巻《ま》き上《あ》げて、花《はな》を献《けん》じているらしおす。中《なか》の柱《はしら》に寄《よ》って、脇息《きょうそく》の上《うえ》に経《きょう》をおき、ひどうしんどそうな様子《ようす》で読経《どきょう》しといる尼君《あまぎみ》は、ただの人《ひと》とは見《み》えしまへん。四十《しじゅう》歳あまりどして、たいそう色《いろ》が白《しろ》うて上品《じょうひん》で、痩《や》せてはいるのどすけど、顔立《かおだ》ちはふっくらとして、目《め》もともほどよう、髪《かみ》が綺麗《きれい》に切《き》り揃《そろ》えてある具合《ぐあい》なども、「かえって長《なが》いのよりこよのう今風《いまふう》に見《み》えるなあ」と、お心《こころ》をひかれてお見《み》やす。すっきりした女房《にょうぼう》が二人《ふたり》ほど、ほかに、童《わらわ》べだけが出入《でい》りして遊《あそ》んでるのどす。

中《なか》に、十《とう》ばかりかとみえる、白《しろ》い衣《きぬ》に山吹《やまぶき》

こしあげて、花たてまつるめり。中の柱《はしら》に寄《よ》りゐて、脇息《きょうそく》のうへに経《きょう》をおきて、いと、悩ましげに読みゐたる尼君《あま》、たゞ人と見《み》えず。四十余《よそじあまり》ばかりにて、いと白《しろ》う、あてに、痩《や》せたれど、つらつきふくらかに、まみのほど、髪《かみ》の美《うつく》しげにそがれたる末《すえ》も、「なかなか、長《なが》きよりも、こよなう、いまめかしきものかな」と、あはれに見給ふ。清《きよ》げなる大人《おとな》ふたりばかり、さては童《わらわ》べぞ、出《い》で入《い》り遊《あそ》ぶ。

中に、「十ばかりにやあらむ」

襲《がさね》の萎《な》えばんだのをきて走《はし》ってきた女《おんな》の子《こ》は、大勢《おおぜい》いるほかの子供《こども》とは全《まった》く違《ちご》うてて、大人《おとな》になった時《とき》がしのばれる、ほんまにええ器量《きりょう》をしているのどす。髪《かみ》は、扇《おおぎ》をひろげたようで、ゆらゆらしてて、泣《な》きじゃくったのどっしゃろか、顔《かお》を赤《あこ》うして立《た》っているのどした。

「どうおしたのえ、子《こ》たちと喧嘩《けんか》をおしたのか」

というて、尼君《あまぎみ》が見上《みあ》げると、すこし似《に》たところがおすさかい、お子《こ》らしい、とお見《み》やす。

と見えて、白《しろ》き衣《きぬ》、山吹《ぶき》などの、なれたる着《き》て、走《はし》りきたる女ご、あまた見えつる子どもに、似《に》るべうもあらず、いみじく、生《お》ひさき見えて、美《うつく》しげなるかたちなり。髪《かみ》は、扇《おうぎ》をひろげたるやうに、ゆら〱として、顔《かお》は、いと赤くすりなして立てり。

尼「何《なに》事ぞや。童《わらわ》べと、腹立《はらだ》ち給へるか」

とて、尼《あま》君の、みあげたるに、すこし、おぼえたる所あれば、「子《こ》なめり」と、見給ふ。

「雀《すずめ》の子《こ》を、犬君《いぬき》が逃《に》がしてしもうたの、伏籠《ふせご》の中《なか》にとじこめといたのに」

というて、いかにも口惜《くちお》しいと思《おも》うてる様子《ようす》どす。そこにいた女房《にょうぼう》が、

「例《れい》の心無《こころな》しが、そんなことをして叱《しか》られるのは、ほんまに困《こま》ったことどす。どこへ行《い》ったのどっしゃろ。ようよう、可愛《かわ》ゆうなってましたのに。烏《からす》などが見《み》つけましたら」

というて立《た》って行《ゆ》きます。髪《かみ》がゆったりとた

紫「雀《すずめ》の子《こ》を、犬君《いぬき》が逃《に》がしつる。伏籠《ふせご》の中《うち》に、籠《こ》めたりつるものを」
とて、「いと口惜《くちお》し」と、おもへり。この、ゐたるおとな、
少納「例《れい》の、心なしの、かゝるわざをして、さいなまるゝこそ、いと心づきなけれ。いづかたへか、まかりぬる。いと、をかしう、やうやうなりつるものを。烏《からす》などもこそ、見つくれ」
とて、たちて行《ゆ》く。髪《かみ》ゆるゝかにいと長《なが》く、めやすき人なめ

いそう長《なご》うて感《かん》じのええ人《ひと》どす。少納言《しょうなごん》の乳母《めのと》と人《ひと》が呼《よ》んでるのは、この子《こ》の世話役《せわやく》らしおす。尼君《あまぎみ》は、

「まあ、ほんまに幼《おさ》のうおすなあ。頼《たよ》りないことばっかりお言《い》いやして。わたしが、こないに、今日《きょう》、明日《あす》ともしれへん命《いのち》やのに、何《なん》ともお思《おも》いやさんと、雀《すずめ》を欲《ほ》しがっといやすとは。そんなことは、罪作《つみつく》りなことや、と、何時《いつ》も申《もう》してるのに、困《こま》ったことや」

り。少納言の乳母《めのと》とぞ、人いふめるは、この子の後見《うしろみ》なるべし。尼君《あま》、

尼「いで、あな、幼《おさな》や。いふかひなう、物《もの》し給ふかな。おのが、かく、今日《きょう》・明日《あす》におぼゆる命《いのち》をば、なにともおぼしたらで、雀《すずめ》したひ給ふほどよ。「罪《つみ》得《う》ることぞ」と、常《つね》に聞《きこ》ゆるを。心憂《う》く」

というて、「こっちへ」と言《い》うと、そこに座《すわ》るのどした。面《おも》ざしが可愛《かわ》いらしうて、眉《まゆ》の辺《あた》りがぼーっとけぶってて、幼《おさな》い手《て》つきで髪《かみ》をかいやる額《ひたい》や、髪《かみ》のかかりようが、たいそう美《うつく》しおす。「大人《おとな》になった姿《すがた》が見《み》たい女《ひと》やなあ」と、思《おも》わず、目《め》をおとめやす。ほんまのとこは、限《かぎ》りものう、心《こころ》をつくしておいでのお人《ひと》によう似《に》といやすので、つい目《め》がいってしまうのゝやと思《おも》うと、涙《なみだ》がこぼれるのどす。尼君《あまぎみ》は、髪《かみ》をかき撫《な》でて、

とて、「こちや」と言へば、ついゐたり。つらつき、いとらうたげにて、眉《まゆ》のわたり、うちけぶり、いはけなくかいやりたる額《ひたい》つき、髪《かん》ざし、いみじう美《うつく》し。「ねびゆかむさま、ゆかしき人かな」と、目《め》とまり給ふ。さるは、「限《かぎ》りなう、心を盡《つ》くし聞《きこ》ゆる人に、いとよう似《に》たてまつれるが、まもらる、なりけり」と、おもふにも、涙ぞ落《お》つる。尼《あま》君、かみをかき撫でつゝ、

「梳《す》くのさえ嫌《いや》がらはるけど、美《うつく》しい御髪《おぐし》や。ほんまに頼《たよ》りのうおいやすのが気《き》がかりで、心残《こころのこ》りなことどす。これぐらいの年齢《とし》になると、こうでもないもんやのに。亡《の》うならはりました姫君《ひめぎみ》は、十二《じゅうに》で父君《ちちぎみ》にお別《わか》れやした時《とき》は、それはそれは物事《ものごと》をわきまえておいでどした。今《いま》、わたしが亡《の》うなってしもうたら、どうやってお暮《く》らしになろうというのやろ」

というて、ひどう泣《な》かはるのを御覧《ごらん》なっとい

尼「けづる事をうるさがり給へど、をかしの御髪《みぐし》や。いと、はかなうものし給ふこそ、あはれに、うしろめたけれ。かばかりになれば、いと、か、らぬ人もあるものを。故《こ》姫君は、十二にて、殿に後《おく》れ給ひし程、いみじう、物《もの》は、思《おも》ひ知《し》り給へりしぞかし。たゞ今《いま》、おのれ、見すてたてまつらば、いかで、世におはせむとすらむ」

とて、いみじく泣《な》くを、見給ふも、すゞろに悲《かな》し。幼《おさな》心地《ち》に

やすと、源氏《げんじ》の君《きみ》は、無闇《むやみ》と悲《かな》しおす。幼《おさ》な心《ごころ》にもさすがにじっと見《み》つめてたのどすが、伏《ふ》し目《め》になってうつむかはると、こぼれかかった髪《かみ》がつやつやと、美《うつく》しうみえるのどす。

生《お》ひ立《た》たむありかも知《し》らぬ若草《わかくさ》を
おくらす露《つゆ》ぞ消《き》えむ空《そら》なき

横《よこ》にいる女房《にょうぼう》は、「もっともや」と涙《なみだ》して、

初草《はつくさ》の生《お》ひゆく末《すえ》も知《し》らぬまに
いかでか露《つゆ》の消《き》えむとすらん

申《もう》すうちに、僧都《そうず》が奥《おく》からやって来《き》て、

も、さすがに、うちまもりて、伏目《ふしめ》になりてうつぶしたるに、こぼれかゝりたる髪《かみ》、つやくとめでたう見ゆ。

尼　生《お》い立《た》たむありかも知《し》らぬ若草《わかくさ》をおくらす露《つゆ》ぞ消《き》えむ空《そら》なき

又、ゐたる大人《おとな》、「げに」と、うち泣《な》きて、

大人　初草《はつ》の生《お》ひゆく末も知《し》らぬまにいかでか露の消《き》えむとすらん

と、聞《きこ》ゆる程に、僧都《そうず》、あなた

「ここはあらわと違《ちが》いますか。今日《きょう》はまた、端近《はしぢか》なところにおいやすことや。この、上手《かみて》の聖《ひじり》の坊《ぼう》に、源氏《げんじ》の中将《ちゅうじょう》がわらわ病《やみ》まじないにきといやすのを、ただいまきいてきたのでござります。大《たい》そう忍《しの》んでおいでたので、存《ぞん》じあげんと、ここにいながらお見舞《みま》いにもまいらなんだのどした」

と仰《おお》せやすと、

「それはえらいこっちゃ。ひどう見苦《みぐる》しい様子《ようす》を、誰《だれ》かがみてたかもしれへん」

より来て、

僧都「こなたは、あらはにや侍らむ。今日《きょう》しも、端《はし》におはしましけるかな。この、かみの聖《ひじり》の坊に、源氏の中将、わらは病《やみ》まじなひに、ものし給ひけるを、たゞ今《いま》なむ、聞《き》きつけ侍《はべ》る。いみじう、忍び給ひければ、知《し》り侍らで、こゝに侍りながら、御とぶらひにもまうでざりけるに」

と、のたまへば、

尼「あな、いみじや。いと、あやしきさまを、人や見《み》つらん」

というて、簾《すだれ》を下《お》ろしてしもうたのどす。

「今《いま》、もてはやされといやす光源氏《ひかるげんじ》どす。こんなときに拝見申《はいけんもう》されたらどうでござります。世《よ》を捨《す》てた法師《ほうし》の身《み》でも、それはもう、世《よ》の愁《うれ》いを忘《わす》れ、寿命《じゅみょう》がのびるような御様子《ごようす》のお方《かた》どす。どれどれ、御《ご》挨拶申《あいさつもう》し上《あ》げましょう」

というて、お立《た》ちやす気配《けはい》がするので、庵《いおり》にお帰《かえ》りやした。

「ええ女《しと》をみたことやなあ、こうやさかい、

とて、簾垂《すだれ》おろしつ。

僧都「この世に、のゝしり給ふ光源氏《ひかる》、かゝるついでに、見たてまつり給はんや。世を捨《す》てたる法師《ほうし》の心地《ち》にも、いみじう、世《よ》の憂《うれ》へわすれ、齢《よわい》のぶる、人の御有様《ありさま》なり。いで、御消息《しょうそこ》きこえむ」

とて、立《た》つ音《おと》すれば、かへり給ひぬ。

「あはれなる人を見つるかな。

この好色者《すきもん》たちは、こんな忍《しの》び歩《ある》きばっかりして、よう、そこらにはいんような人《ひと》を見付《みつ》けてくるのや。たまに出《で》ただけでも、こないに思《おも》いもかけへんことに出《で》逢《あ》うやないか」と、面白《おもしろ》うお思《おも》いやす。「それにしても、ほんまに美《うつく》しいお子《こ》やった。どういうお人《ひと》やろう、あのお方《かた》の代《か》わりに、明《あ》けくれの慰《なぐさ》めにも見《み》たいもんや」と、深《ふこ》う心《こころ》にお思《おも》いやした。

（中井和子監修・執筆『京ことば　源氏物語』大修館書店より）

かゝれば、このすき者《もの》どもは、かゝる歩《ある》きをのみして、よく、さるまじき人をも見つくるなりけり。たまさかに、立《た》ち出《い》づるだにに、かく、思《おも》ひの外《ほか》なることを見《み》るよ」と、をかしうおぼす。「さても、いと、美《うつく》しかりつる兒《ちご》かな。何人《なにびと》ならん。かの人の御かはりに、明《あ》け暮《く》れのなぐさめにも、見ばや」と、おもふ心《こころ》、深《ふか》うつきぬ。

（山岸徳平校注『源氏物語㈠』岩波文庫より）

【京都弁（京ことば）の効能】　しっとりと落ち着いた身体になる

京ことばにはなんとも言えない風情がある。少しのんびりした雅《みやび》な感じがある。私は修学旅行で初めて京都に行ったときに、町の人たちが話す京ことばにすっかり惹《ひ》きつけられてしまった。

京ことばが柔らかで上品な感じを与えるのは、丁寧語がそこここに入ってくるからでもある。たとえば「雨がよく降りますねえ」では「よーふらはりますなー」と言う。この場合の「～はる」は尊敬や丁寧の意味をもつ補助動詞だ。もちろん雨に対して敬語を使っているわけではなく、聞き手に対して丁寧な言葉遣いにしているということだ。

漫画の『美味《おい》しんぼ』ですっかり全国区になった「まったり」という言葉も京ことばらしい。味が柔らかく穏やかなときなどに、「まったりした味で、おいしいおす」と言ったりするようだ。「はんなり」という言葉も有名だ。明るくて上品な色合いの帯のことを「はんなりした帯やなー」と言ったりもする。

今回収録させていただいた『京ことば　源氏物語』（監修／執筆・中井和子、朗読・井上由貴子）には、じつに新鮮な驚きを感じた。

なんともいえない雅な雰囲気が漂っているのだ。京ことばならではの贅沢なゆったり感が『源氏物語』のきらびやかさと絶妙なハーモニーを奏でている。現代作家による標準語訳とくらべると、その風情のすばらしさははっきりとする。聞いているこちらの身体も、しっとりと落ち着いて、ちょっと上品になった気がする。

中井和子さんは、十二年かけて『源氏物語』を現代の京ことばに全訳された。『源氏物語』では主語が省略され、述部が重ねられる文体が多い。「相手の心にそい、相手に委ねる姿勢が顕れているのだ」と中井さんは言う。それは京ことばにも通じる。

「関西人、特に京都の人の表現は、物事を直截《ちょくせつ》にいわず、ことばが重ねられ、徐々に物事は浮かび上がるという表現方法である。核心部分をまずあらわにして、お互いに己の主張を闘わすのとは逆に、まわりから徐々に中心を浮かび上がらせるのである。その場合、主語は欠けることになる。『明日、私はあなたのところに行きたい』とはいわないで、『あした寄せて貰《もろ》うてもよろしおすやろか』という。また、『明日はあなたが来ても私はいない』とは返事せずに、『ほんまに来とうくれやしたら嬉しおすのどすけど、明日はちょっと』といったりする。よくいえば、自己本位ではなく相手本位なのである。そしてそこには、自然の恩寵に身をゆだねるという農耕社会の思考法が、もとにあるのだと思われる」（『京ことば　源氏物語』）

京ことばの持つ適度な距離感と脱力感。まさに「添いつつずらす」合気道《あいきどう》のごとき方言なのである。

「沖縄弁（ウチナーグチ）の湯」の効能

陽射しを浴びた開放的な身体になる。

「宮《ミヤ》サンヨー。汝《イヤー》トゥ　我《ワン》トゥ　熱海《あたみ》の　海岸《かいがん》　散歩《サンポー》スシン、」

（漫談『金色夜叉』）

――口演　小那覇舞天《おなはブーテン》

沖縄弁（ウチナーグチ）〔漫談〕【金色夜叉《こんじきやしゃ》】19

【貫一《かんいち》】小禄《おろく》生まれの青年という設定（小禄言葉）
【お宮《みや》】糸満《いとまん》生まれの娘という設定（糸満言葉）

【貫一《かんいち》】
宮《ミヤ》サンヨー。汝《イヤー》トゥ　我《ワン》トゥ
熱海《あたみ》の　海岸《かいがん》　散歩《サンポー》スシン、
今日《チュー》マディドゥ　ヤンドーヤー！　宮《ミヤ》サン！

沖縄漫談『金色夜叉』（尾崎紅葉原作）──標準語訳

［貫一］
宮さんよ。お前と私と
熱海の海岸を散歩をするのも、
今日までだよ！　宮さん！

我《ワン》ネーヨー、汝《イヤー》ンカイ　肝要《カンヌー》ナ　話《ハナシー》小《グワー》スンチル

此《ク》ガ遠《トー》マディ　ソーティ　来《チ》エークトゥ、

ユー　聞《チ》チ　取《トゥ》ラシヨー！

［お宮《みや》］

貫一《カンイチ》サンヨー！　今日《クー》ヤ（＊1）　常《チニ》トー　変《カ》ワティ、

其《ウ》ヌ様《ヨー》ナ　ナチカシー　話《ハナシー》小《グワー》　シンシェーシガ、

私はね、お前に大事な話をするつもりで

こんな遠い所までいっしょに来たのだから、

よく聞いておくれよ！

［お宮］

貫一さんよ！　今日はいつもと違って、

そんなふうな悲しい話をなさるけれど、

如何《チャ》ングトール　話《ハナシー》小《グワー》ガ、早《ヘ》クナー
聞《チ》カチ　呉《クィ》ンチョーローヤー、(＊2)貫一《カンイチ》サンヨ
ー！

［貫一］
宮《ミヤ》サンヨー！　汝《イヤー》トゥ　我《ワン》トゥガ　仲《ナカ》ンディ
シエー、
昨日《チヌー》　今日《チュー》ヌ　仲《ナカ》ン　アラン。
二人《タイ》ヤ　後生《グソー》マディン　甕《カーミ》(＊3)ヌ　尻《チビ》　三《ミー》チ
ナラヤーンディ、

どういったような話なのか、早く
聞かせておくんなさいな、貫
一さんよ！

［貫一］
宮さんよ！　お前と私との仲
というのは、
昨日今日という仲でもない。
二人はあの世までも三つ（一つ？）の甕《かめ》の中に入ろうねと、

云語合《イカタレー》ン　シェータルムンヌ。
アギジャビヨー、近頃《チカグル》ンシェー、汝《イヤー》　肝《チム》
小《グワー》、
チントゥサーナー　フィッ返《ケー》リトーシェー。
担桶《ターグ》ヌ　水《ミジ》ヌ　ユッタイクワッタイ　スシェ
ー、
汝達《イッター》　グトールーヤサ。
汝《イヤー》ヤ、アヌ、「富山《トミヤマ》」ンディル　美《チュ》ラ二才《ニーセー》
小《グワー》トゥ
歌留多《カルタ》取《ト》リ　サル　其《ウ》ヌ　夜《ユル》カラ、

睦まじく語り合っていたのに。
ああなんてこと、近頃といえ
ば、お前の心は、
前とまるっきりあべこべに裏
返っているんだね。
水桶の水が、ゆうらゆうらた
っぷたっぷするなんてのは、
お前のような奴のこと言うの
だよ。
お前は、あの、「富山《とみやま》」という
美青年と
カルタ取りをしたその夜から、

汝《イヤー》 肝《チモ》ー、チントゥサーサーナー フィッ返《ケー》リトーサ！

マタ、汝《イヤー》 話《ハナシー》 小《グワー》 聞《チ》チ ミードゥンシェー、

アヌ 二才《ニーシェー》 小《グワー》カラ ダイヤモンドヌ

指《イービ》金《ナギー》 小《グワー》ヌ、

汝《イヤー》 得《キー》タンディドゥ エーサニ？

アンスカ 指《イービ》金《ナギー》ヌ 欲《フ》サタンナー？

ユタサン。

汝《イヤー》ガー 我《ワン》ネー 貧《フィン》 素者《スームン》チ ウシェートー

お前の心は、前とまるっきりあべこべに裏返っているさ！

また、お前の話を聞いてみたら、

あの青年からダイヤモンドの指輪を、

お前はもらったというではないか？

そんなに指輪が欲しかったのか？

いいよ。

お前という奴は私を貧乏人だ

シガ、
人間《ニンジン》ヌ（＊4） 大宅《ウェーキ》 貧《フィン》素《スー》ヤ 坂《フィラ》ヌ 下《ウ》リ上《ヌブ》イ
ンチル ヤル！
ユタサン。
汝達《イッター》ンカイ ウシェーラリール アタイ、
貫一《カンイチ》ヤ アラン。

【お宮】
貫一《カンイチ》サンヨー！
何《ヌー》ン 勘違《カンチゲ》ー ツシェー 呉《クィ》ンチョーンナケ

と軽蔑しているけれど、
人間の金持ち、貧乏なんていうのは坂を下りたり上ったりするものなのだよ（けっして当てにならないものなのだよ）！
いいよ。
あんたに軽蔑されるほどの、
貫一ではない。

［お宮］
貫一さんよ！
けっして勘違いしてくださら

ー！

世《ユ》ヌ中《ナカ》ナカイ　男《ヲィキガ》ー　多《ウホ》ーク　居《ヲゥ》シガ、

我《ワー》ガ　心《シン》カラ、心《ククル》カラ、本当《フントー》ニ　惚《フ》リトー

シエー、

貫一《カンイチ》サンヤカ　他《フカ》ネー　居《ヲゥ》ランドゥ　アク

トゥ、

何《ヌー》ン　シワー　シンチョーンナケー！

[貫一]

宮《ミヤ》サンヨー！

ないで！

世の中に男はたくさんいるけれども、

私が心から、心底から、本当に惚れているのは、

貫一さんより外にはいないのだから、

けっして心配はなさらないで！

[貫一]

宮さんよ！

邪《ユクシム》物言《ニ》ー　シーネー、イエー、前歯《メーバ》　タッカリーンドーヤー！
絶対《ジェッタイ》　アネー　アランサ！

［お宮］
貫一《カンイチ》サンヨー！
此《ク》リネー　ダテーン　訳《ワキ》ヌ　有《ア》ンヨー！
「富山《トミヤマ》」ンディ　云《イ》ッ所《トゥクロ》ー、イッペー　大宅《ウエーキ》ン人《チュ》　ヤサヤー。
アマンカイ　一時《イットゥチ》　ニービチ小《グヮー》　シェーシ

嘘をつくと、おいこら、前歯を叩き折られるぞ（叩き折ってしまうぞ）(*5)！
絶対そうではないぞ！

［お宮］
貫一さんよ！
これには止むに止まれぬわけがあるのよ！
「富山」というところは、たいへんお金持ちよね。
あちらにいっとき輿入《こしい》れした

ヨー、
アマンカラ　銭《ジノ》ー　多《ウホ》ーク　取《トゥ》ティ　カーマ（＊6）
ーニ、
其《ウ》ヌ　銭《ジン》サーニ、汝《ナー》ヤ　大学《ダイガク》　出《ウン》ジャチ、
洋行《ヨーコー》ン　令《シ》ミティ、成功《シエイコー》　令《シ》ミーンチル
ヤクトゥ、
今《ナマ》　一時《イットゥチ》デークトゥ、
ニジティ　呉《クィ》ンチョーローヤー！

[貫一]

のはね、
あちらからもお金をたくさん
とってきて、
そのお金で、あなたを大学か
ら出させて、
洋行もさせて、成功させるた
めなのだから、
今ただいっときのことだから、
我慢しておくんなさいね！

[貫一]

宮《ミヤ》サンヨー！
我《ワン》ネー　別《ジチ》ヌ　事《クトゥ》　ヤレー、
イッペー　良《ユ》ー　ニジヤー　ヤシガ、
其《ウ》ヌ　事《クトゥ》ダケー、絶対《ジェッタイ》　ニジララン！

［お宮］
アネー　言《イ》ャングトゥッシ、今《ナマ》　一時《イットゥチ》デー
サニ、
ニジティ　呉《クィ》ンチョーロー！
「梅《ウンミ》（＊7）トゥ　鶯《ウグイスィ》ヤ　飽《ア》カン　縁《キン》サラミ

宮さんよ！
私は別のことなら、
本当によくも我慢できるが、
そのことだけは、絶対に我慢
できない！

［お宮］
そんなこと言わないで、今い
っときじゃないの、
我慢しておくんなさい！
「梅と鶯は飽くこともなく続く
縁だよ。離れ去っても、春が

ヌチャティ　春(ハル)　来(ク)リバ　マタン　添(ス)ユサ」
ンディル
歌(ウタ)ン　有(ア)イドゥ　スル。

[貫一]
絶対(ジェッタイ)　ナラン。

今日(きょう)は最後(さいご)の熱海(あたみ)の海岸(かいがん)。

ハー、キッサマデー　アヌ　月小(チチグヮー)ン　ケー
照(チ)トータシガ、

くると、また再び一緒に寄り
添うよ」
という
琉歌(うた)もあるのよ。

[貫一]
絶対（我慢）できない。

【今日は最後の熱海の海岸。】

ああ、さっきまではあのお月様
も明るく照っていたけれど、

ダー、アレー　ケー曇《クム》タシエー。
アレー　我《ワー》ガ　泣《ナ》チュル　涙《ナダ》小《グワー》サーニル、
ケー曇《クム》ラチエーンドー！
来年《らいねん》の今月今夜《こんげつこんや》のこの月《つき》。
さ来年《らいねん》の今月今夜《こんげつこんや》のこの月《つき》。
十　年後《ジューニンアトゥ》の今月今夜《こんげつこんや》のこの月《つき》。
百　年後《ひゃくねんあと》の今月今夜《こんげつこんや》のこの月《つき》
千年後《せんねんあと》の今月今夜《こんげつこんや》のこの月《つき》。
一万年後《いちまんねんあと》の今月今夜《こんげつこんや》のこの月《つき》。
十　万年後《じゅうまんねんあと》の今月今夜《こんげつこんや》のこの月《つき》。

ほら、あれはすっかり曇ってしまったよ。
あれは私が泣いて流す涙によって、
すっかり曇らせているのだよ！
【来年の今月今夜のこの月。】
【さ来年の今月今夜のこの月。】
【十年後の今月今夜のこの月。】
【百年後の今月今夜のこの月。】
【千年後の今月今夜のこの月。】
【一万年後の今月今夜のこの月。】
【十万年後の今月今夜のこの月。】

アギジャビヨー、
百万年後《ひゃくまんねんあと》の今月今夜《こんげつこんや》のこの月《つき》。
ダー、其《ウ》リカラー、
我《ワー》ガー　算面《サンミノ》ー　ナラン　ナタシェー。
生《イ》チ目《ミ》トゥトゥーミ　我《ワー》ガ、
汝《イヤー》　恨《ウラ》ディ　泣《ナ》チュル、涙《ナダ》　小《グワー》サーニル、
曇《クム》ラチェーンディ　思《ウム》ティ　取《トゥ》ラシヨーヤ
ー！
［お宮］

ああなんてこと、
【百万年後の今月今夜のこの月。】
ほら、それから、
私には計算できなくなったよ。
未来永劫まで私が、
お前を恨んで泣く、涙によって、
曇らせていると思っておくれ
よな！
［お宮］

貫一《カンイチ》サンヨー！
我《ワー》ガ　言《イ》シン　分《ワ》カランドゥ　アンナー？
我《ワー》ガル　話《ハナシェ》ー　分《ワ》カランドゥ　アミ？

【貫一】
絶対《ジェッタイ》　だめだ！
オー、宮《ミヤ》サン！
今日《きょう》は最後《さいご》の熱海《あたみ》の海岸《かいがん》だ。
御無礼《グブリー》　ヤシガ、
下腹《シチャワタ》　蹴《キ》ッチ　取《トゥ》ラサヤー！

貫一さんよ！
私の言うことが分からないとでもいうの？
私が（あなたの）話を理解できないとでも思っているの？

［貫一］
絶対【だめだ！】
ああ、宮さん！
【今日は最後の熱海の海岸だ。】
失礼であるが、
下っ腹を蹴っ飛ばしてやろうなあ！

［お宮］
アレー！

（漫談『金色夜叉』は、CD『沖縄漫談　ブーテン笑いの世界VOL.1』〔B／C　RECORD　二〇〇〇年〕に収載されたものをもとに、沖縄県立芸術大学大学院の西岡敏氏に聴き取りをしていただいたものです）

［お宮］
あれえ！

（訳・西岡敏）

【注】

＊1　クー［糸満言葉］＝今日。沖縄中南部の他地域では「チュー」（今日）と言うところが多い。

＊2　クィンチョーロー［糸満言葉］＝（～して）くださいよ。沖縄中南部の他地域、たとえば、首里では「クィミソーレー」（～くださいよ）などと言う。

＊3　カーミヌ　チビ　ミーチ（ティーチ？）＝「ミートゥンダヤ　カーミヌ　チビ　ティーチ」（夫婦は甕の尻一つ）という諺の引用。夫婦はあの世に行っても（骨甕の中に入っても）一緒という意味（参考＝仲井真元楷『沖縄ことわざ事典』月刊沖縄社、一九七一年、二六八―二六九頁）。音源では「カーミヌ　チビ　ミーチ」（夫婦は甕の尻三つ）となっているが、舞天のギャグか。

＊4　ニンジンヌ　ウェーキ　フィンスーヤ　フィラヌ　ウリヌブイ＝「ニンジノー　フィラヌ　クダイヌブイ」（人間は坂の下り上り）という諺の引用。人間の栄枯盛衰は坂を下りたり上ったりで、下りもあれば上りもあるという意味（参考＝『沖縄ことわざ事典』前掲、二二七頁）。音源では「ウェーキ　フィンスーヤ」（お金持ち、貧乏は）が挿入され、「クダイ」（くだり）が「ウリ」（おり）となっている。

＊5　「叩き折られるぞ」「殴られるぞ」など、「～（さ）れるぞ」といった聞き手に対する受身の表現は沖縄大和口（ウチナーヤマトゥグチ＝沖縄標準語）でもよく用いられる。もとのウチナーグチでは、「～（サ）リーンドー」という形。

＊6　カーマーニ［糸満言葉］＝（～して）きて。沖縄中南部の他地域、たとえば首里では「チャーニ」（来て）などと言う。

＊7　「ゥンミトゥ　ウグイスィヤ　アカン　ヰンサラミ　ヌチャティ　ハル　クリバ　マタン　スユサ」は読人しらずの琉歌（参考＝島袋盛敏・翁長俊郎『標音評釈　琉歌全集』武蔵野書院、一九六八年、二四頁、九八番歌）。琉歌は、和歌の「五七五七七」の音数律とは異なり、「八八八六」の音数律を持つ。

〔訳者追記〕沖縄語のカタカナ表記は、外間美奈子・平良佳子「『沖縄語辞典』（一九九四年）の改訂作業」『沖縄言語研究センター研究報告4　那覇の方言　那覇市方言記録保存調査報告書Ⅱ』の表記を用いいました。また、音声を文字におこし訳す際に伊狩典子氏のご協力を頂きました。記して感謝申し上げます。また、沖縄語の表記は仮名漢字まじりにしました。漢字を当てると、意味が限定されてしまうというきらいがありますが（たとえば、「ちゅらさん」という言葉は「きよらさあり」に由来し、「美らさん」あるいは「清らさん」とも当てられる）、読者の読みやすさを考慮して、仮名漢字まじりとしました。

（西岡敏・沖縄県立芸術大学大学院）

【沖縄弁（ウチナーグチ）の効能】

沖縄弁を聞いていると、言葉の持つ奥深さに圧倒される。慣れないうちは意味がまったくわからずとまどうが、少し慣れてくると、語感の温かみやおもしろみに魅了されるのである。NHKの連続テレビ小説「ちゅらさん」でも沖縄弁がとりあげられた。「ちゅらさん」にかぎらず連続テレビ小説では意識的に方言を多く用いるようにしているそうだが、沖縄弁が使われていると、それだけで場の空気が沖縄風に変わってくる。

ただでさえインパクトの強い沖縄口《ウチナーグチ》であるが、それをいっそう際だたせる達人が小那覇《おなは》舞天《ブーテン》さんである。今回は氏の沖縄漫談を採らせていただいた。ブーテンさんは、戦後の沖縄において大衆芸能を復活した人物だ。その芸風は上の者を徹底して笑い飛ばすパロディにある。本書にとりあげたのは尾崎紅葉の『金色夜叉』をパロディにしたものだ。

登場人物の宮さんに糸満生まれの娘、貫一に小禄生まれの青年が配されているので、イチマン言葉とウルク言葉の面白さが楽しめる。

貫一は、富山という金持ちに、許嫁のお宮を横取りされる。これからは自分は高利貸しとなり、お宮や世間に復讐してやると誓う。

ところがブーテン版では、それは見事に脱線する。お宮との仲は元に戻り、気がつくと二人の間には黒金仏のような赤ん坊が生まれ出てきたのであった。貫一がお宮を足蹴にしたら、お宮が産気づき、その子が貫一の子であったという、なんとも原作とはかけ離れたパロディとなっている。

それにしても、ブーテンさんの沖縄口《ウチナーグチ》はなんともエネルギッシュだ。わからない言葉があっても、勢いで楽しめてしまう。パロディなので筋も原作とは変わっているのだが、徹底した笑いの精神に、芯の強さを感じる。この漫談を聞くにつけ、方言の魅力はなんといっても生命力にある、と痛感する。

今回収録させていただいたブーテンさんのオリジナルのCDは、方言を記録し、伝えていきたいという願いからつくられている。ブーテンさんのこのCDをプロデュースした桜沢有理さんのつぎの言葉は、本書の趣旨にぴたりと重なっている。

「戦前戦後を通じて方言撲滅運動が続いた時代に（戦時中は方言がスパイ語とみなされ、日本兵に殺された人さえいた。）これだけ沖縄口で通したことに、やはりこの人は反骨の人だなと思う。そんなことはおくびにも出さなかったろうが。

何十回となくこの古い音源を聴いてつくづく思うのは、今ではもうこんな沖縄口を日常で聴くことはなくなった、ということだ。現在ではウチナーヤマトグチという、標準語に方言をまぜたようなものを使っているが、それは匂いはするがやはり沖縄口ではないだろう。言葉はその国の文化そのものであるだろうに、二十一世紀には五千～七千の言語の九五パーセントが失われるという。そのうち沖縄口教室でこのCDも聞かれるのだろうか。

しかしどのような時代になろうとも、人々を真に魅了する芸能を創ろうと努力していくことこそが、私達に課せられているのだ。」（B／C　RECORD　桜沢有理）

言葉が失われれば文化も失われる。言葉こそが文化の柱なのだ。

「土佐弁の湯」の効能

海を見てふーっと大きく息をつく身体になる。

「男《おとこ》も書《か》くゆう日記《にっき》とゆうもんを、女《おなご》もやってみよう思《おも》うて、書《か》くぞね。」

（土佐日記）

――朗読　ふぁーまー土居

土佐弁【土佐日記《とさにっき》】21

男《おとこ》も書《か》くゆう日記《にっき》とゆうもんを、女《おなご》もやってみよう思《おも》うて、書《か》くぞね。

ある年《とし》の、十二月《しわす》の二十一日《にじゅういちにち》の戌《いぬ》のときに、出発《しゅっぱつ》する。その旅《たび》のようすを、ちっくとばあ紙《かみ》に書《か》きつける。

あるひとが、地方勤務《ちほうきんむ》の四《し》、五年《ごねん》がすん

紀貫之《きのつらゆき》『土佐日記』

男《おとこ》もすなる日記《にき》といふものを、女もしてみむとてするなり。

それの年の、しはすの、二十日《はつか》あまり一日《ひとひ》の日の、戌《いぬ》の刻《とき》に門出《かどで》す。その由《よし》いささかにものに書きつく。

ある人、県《あがた》の四年《よとせ》・五年《いつとせ》果て

で、おきまりのしごとを、みんなあすまいて、事務引《じむひ》き継《つ》ぎの公文書《こうぶんしょ》らあも、受《う》けとって、住《す》んぢゅう官舎《かんしゃ》からでて、船《ふね》にのることになっちゅう、くへいく。あのひと、このひと、知《し》っちゅうひと、知《し》らんひと、いろいろかいろのひとが、見送《みおく》りをする。この数年《すうねん》このかた、よう親《した》しゅう、つきおうちょったひとらあが、別《わか》れづろう思《おも》うて、日《ひ》がないっちにち、しきりとなにやらかにやら、世話《せわ》をしもって、わいわい騒《さあ》ぐうち

てて、例のこともみなし終《お》へて、解由《げゆ》などとりて、住む館《たち》よりいでて、船に乗るべき所へわたる。かれこれ、知る知らぬ、送りす。年頃《としごろ》よくくらべつる人々なむ、別れ難く思ひて、日しきりにとかくしつつ、ののしるうちに夜更《よふ》けぬ。

に、夜《よ》が更《ふ》けてしもうた。

二十二日《にじゅうににち》に、和泉《いづみ》の国《くに》までどうぞ無事《ぶじ》であるようにと、お願立《がんだて》をする。藤原《ふじわら》のときざねが、船旅《ふなたび》ぢゃけんど、馬《んま》のはなむけをする。身分《みぶん》の上《かみ》のもんから中《なか》、下《しも》のもんまで、へべれけに酔《よ》うて、まっことふしぎなことに、くさるはずのない塩《しお》からい海《うみ》のねきで、（くさった魚《さかな》のように酔《よ》いつぶれて）あじゃれあいよる。

廿二日《はつかあまりふつか》に、和泉《いづみ》の国までと、平《たい》らかに願《がん》立つ。藤原のときざね船路《ふなじ》なれど馬《むま》のはなむけす。上《かみ》・中《なか》・下《しも》、酔《え》ひ飽《あ》きて、いと怪《あや》しく、潮海《しおうみ》のほとりにて、あざれあへり。

二十三日《にじゅうさんにち》、八木《やぎ》のやすのりゆうひとがおる。このひとは、国司《こくし》の庁《ちょう》で、いっつも、召使《めしつか》いよるひとでもないにかあらん。ところが、このひとが、りっぱな態度《たいど》で、餞別《せんべつ》をしてくれた。前《まえ》の国守《こくしゅ》の、ひとがらのためぢゃろうか、土地《とち》のひとの人情《にんじょう》いっぱんとして、「今《いま》はもう、用《よう》はない」ゆうて、姿《すがた》を見《み》せんもんぢゃが、まごころのあるもんは、世間体《せけんてい》をかまわんづく、やってきた。

廿三日《はつかあまりみか》　八木のやすのりといふ人あり。この人、国にかならずしもいひ使ふ者にもあらざなり。これぞたたはしきやうにて、馬《むま》のはなむけしたる。守《かみ》からにやあらむ、国人《くにびと》の心の常《つね》として今はとてみえざなるを、心ある者は恥ぢずになむ来ける。これは、ものによりてほむるにしもあらず。

これは餞別《せんべつ》のおくりもんをもろうたゆうて、ほめるゆうがでもない。

二十四日《にじゅうよっか》、国分寺《こくぶんじ》の住職《じゅうしょく》が、餞別《せんべつ》をしにおいでた。その場《ば》におった、身分《みぶん》の上《うえ》のもんも、下《した》のもんも、子供《こども》までが、ぐでんぐでんに酔《よ》いつぶれて、一《いち》とゆう字《じ》をさえ知《し》らんもんらあが、足《あし》は、十《じゅう》ゆう字《じ》を書《か》くように、千鳥足《ちどりあし》を踏《ふ》んで、ほたえまありよる。

廿四日《はつかあまりよっか》　講師《こうじ》馬のはなむけしに出でませり。ありとある上《かみ》、下《しも》、童《わらわ》まで酔《え》ひ痴《し》れて、一《いち》文字《もんじ》をだに知らぬものしが、足は十文字《じゅうもんじ》に踏《ふ》みてぞ遊ぶ。

二十五日《にじゅうごにち》、新任《しんにん》の土佐《とさ》の守《かみ》の官舎《かんしゃ》から、招待《しょうたい》に、使《つか》いのもんが、手紙《てがみ》をもてきた。前《まえ》の守《かみ》は、よばれて行《い》て、日《ひ》がないっちにち、夜《よ》がな夜《よ》しらく、ゆかいに飲《の》うで、ゆかいに騒《さわ》ぐとゆうふうで、夜《よ》があけてしもうた。

（中略）

二十九日《にじゅうくにち》　大湊《おおみなと》に泊《と》まっちゅう。医者《いしゃ》がわざわざ、屠《と》蘇《そ》、白散《びゃくさん》に酒《さけ》をそえてもてきた。厚意《こうい》があるらしゅう見《み》える。

廿五日《はつかあまりいつか》　守《かみ》の館《たち》より呼びに文《ふみ》もて来たなり。呼ばれて至りて日ひと日、夜ひと夜、とかく遊ぶやうにて明けにけり。

（中略）

廿九日《はつかあまりここのか》　大湊に泊《とま》れり。医師《くすし》ふりはへて屠蘇《とうそ》・白散《びゃくさん》、酒加へて持《も》て来たり。志《こころざし》あるに似たり。

元日《がんじつ》　やっぱり同《うんな》じ港《みなと》ぢゃあ。白散《びゃくさん》をあるもんが「ほんの一晩《ひとばん》だけぢゃきに」ゆうて、船屋《ふなや》形《かた》にさしはそうぢょいたもんぢゃきに、風《かぜ》にふかれて、じこじこ海《うみ》へずれおちて、飲《の》めれんようになってしもうた。ずいきを干《ほ》したが、荒布《あらめ》も、歯固《はがた》めもない。このようなもんのない国《くに》ぢゃあ。もっとも、買《こ》うておきさえもしちょらん。しょうことなしに、押《お》し鮎《あい》の口《くち》ばあを吸《す》う。この吸《す》うひとらあの口《くち》を、押《お》し鮎《あい》は、もしかしたら、なんぞ思《おも》うことがありゃあせんろうか。

きょうは都《みやこ》ばっかりが、ひっとりでに思《おも》いやられる。

元日《がんにち》　なほ同じ泊《とまり》なり。白《びゃく》散《さん》をあるもの、夜の間《ま》とて船屋《ふなや》形《かた》にさしはさめりければ、風に吹きならさせて、海に入れてえ飲まずなりぬ。芋《いも》し荒布《あらめ》も、歯《は》固《がため》もなし。かうやうのものなき国なり。求めしもおかず。ただ押鮎《おしあゆ》の口をのみぞ吸ふ。この吸ふ人々の口を、押鮎もし思ふやうあらむや。

今日は都のみぞ思ひやらるる。

「小家《こいえ》の門《もん》の注連縄《しめなわ》にぶらさがっちゅう鯔《ぼら》の頭《あたま》、柊《ひいらぎ》らあ、どんなふうぢゃろうか」

と、話《はな》しあいゆうような。

二日《ふつか》　あっぱし大湊《おおみなと》に泊《と》まっちゅう。住職《じゅうしょく》が、食《く》うもんやら酒《さけ》をおくってくれた。

三日《みっか》　同《おんな》し、くぢゃ。ひょっとすると、風《かぜ》やら波《なみ》やらが「もう、ちっくと」と、別《わか》れを惜《お》しむ気《き》があるがぢゃおか、妙《みょう》にはがいい。

「小家《こえ》の門《かど》の注連縄《しりくべなわ》の鯔《なよし》の頭《かしら》・柊木《ひいらぎ》らいかにぞ」

とぞいひあへなる。

二日《ふつか》　なほ大湊《おおみなと》に泊まれり。講師、もの・酒おこせたり。

三日《みか》　同じ所なり。若《も》し風波《かぜなみ》のしばしと惜しむ心やあらむ、心許《こころもと》なし。

四日《よっか》　風《かぜ》が吹《ふ》くきに、ええでん。まさつらが、酒《さけ》やら、んまいもんをさしあげた。このこんなにおくりもんをもてくるひとに、そのままにもしちょけんが、ちょっとしたお返《かえ》しをさせるろくなもんもない。景気《けいき》がええようなが、気《き》のひけるここちがする。

五日《いつか》　風《かぜ》、波《なみ》が止《や》まんきに、やっぱり同《うん》し《な》、くにおる。ひとらあが、あとへあとへと訪《たん》ねてくる。

四日《よか》　風吹けばえ出《い》で立たず。まさつら、酒・よきもの奉れり。このかうやうにもの持て来る人に、なほしもえあらで、いささけわざせさす。ものもなし。賑《にぎ》はしきやうなれど負《ま》くる心地《ここち》す。

五日《いつか》　風波止まねば、なほ同じところにあり。人々絶えずとぶらひに来《く》。

六日《むいか》　きにょうと同《おんな》しことぢゃ。

（土居重俊監修『土佐弁　土佐日記』高知市文化振興事業団より）

六日《むゆか》　昨日のごとし。

（品川和子全訳注『土佐日記』講談社学術文庫より）

【土佐弁の効能】 海を見てふーっと大きく息をつく身体になる

土佐といえば坂本龍馬だ。「〜ぢゃき」と言ったりすると、坂本龍馬の気分になりやすい。語尾をまねするだけで、その土地の英雄の気分に浸《ひた》れるのも、方言の魅力だ。

龍馬といえば、海を眺めてでっかいことを考えているという印象がある。海を見ていると、呼吸がゆったりとしてきて、身体が一回り大きくなる気がする。海に向かって自分を投げ出してみたくなる。そうしたゆったりとした、懐の深さが海の魅力であり、龍馬の魅力でもある。

土佐弁も、聞いてまねしているだけで、ふーっと息を大きく吐きたくなる方言だ。あちらこちらに力が抜ける言葉が用意されている。日々の暮らしでせせこましくなって息が浅くなったからだと心をゆったりとさせるには土佐弁の湯が効く。

本書では紀貫之の『土佐日記』を土佐弁にしたテキスト（土居重俊監修『土佐弁土佐日記』高知市文化振興事業団）をふぁーまー土居さんに読んでいただいた。土佐ゆかりの古典を、土地の言葉に直すという試み自体がおもしろい。よく知られる冒頭の「男もすなる日記《にき》といふものを」は、土佐弁では「男も書くゆう日記《にっき》とゆうもんを」となる。

こんな短い文の中に「ゆう」が二度も出てくる。これではおのずと力も抜けていくというものだ。どの方言にも言えることだと思うが、方言は標準語にくらべてメロディのように聞こえてくる。土佐弁も朗読をしているだけなのに、どこか「小唄」のように聞こえてきて楽しい。

ふぁーまー土居さんという方が、これまた風貌、人物ともに温かな、器の大きな感じの方である。それがゆったりとした温かみのある声に表れている。古典の『土佐日記』がリラックスした雰囲気の読みやすい読み物に聞こえてくる。土佐弁の魅力が、声でも表現されているのではないかと思う。

『土佐日記』には嵐で船が何日も同じ港に停泊する記述がよく出てくる。たとえば「六日《むゆか》　昨日のごとし」。これを土佐弁でやると「六日《むいか》　きにょうと同《おんな》じことぢゃ」というふうになる。この時代の旅の、のんびりした様子がうかがわれて、おかしみがある。

ぜひこの朗読を聴きながら、声を合わせてまねして、海を眺めながらのんびりしている気分に浸ってみてほしい。

土佐弁の発音については、つぎのような指摘がある。

「文字は違うが、発音上の区別を全く意識しなくなってしまったものに、ジとヂ、ズとヅがある。このジとヂ、ズとヅは、土佐方言で意味上の違いのある音として識別されているのである。これが、いわゆる『四つがな』の区別で、土佐方言の発音の特徴の筆頭に挙げられるものなのである。例えば、『富士』（フジ huji）と『藤』（フヂ hudi）、『見ず』（ミズ mizu）と『水』（ミヅ midu）、さらに、『自身』（zisin）と『地震』（disin）などが挙げられよう」（山田幸宏『ことばの民俗誌』高知新聞社）

この区別がかつてはしっかり教えられていたのだが、年々、標準語教育によってこの区別が失われてきているという。方言の世界には、いろいろな絶滅種が出ているのである。

「秋田弁の湯」の効能

ほっとほどけて温かい身体になる。

「むがしな、秋田《あきた》の国《くに》さ、八郎《はぢろう》っちゅう山男《やまおどご》が住《す》んでいだっけもの。」

（民話『八郎』）

――朗読　**浅利香津代**（秋田弁による五十音発声をCDに収録）

秋田弁（民話）【八郎《はちろう》】23

むがしな、秋田《あきた》の国《くに》さ、八郎《はぢろう》っちゅう山男《やまおどご》が住《す》んでいだっけもの。八郎《はぢろう》はせ、山《やま》男《おどご》だっけがら、背《せ》ぇがたいした高《たげ》がったけもの。んだ、ちょうどあら、あのかしの木《き》な、あのぐれいもあったべせ。

ほして、かしの木《き》みでにすいーすいどよっ

斎藤隆介《さいとうりゅうすけ》『八郎』

むかしな、秋田のくにに、八郎って山男が住んでいたっけもの。八郎はな、山男だっけから、せぇがたあして高かったけもの。んだ、ちょうどあら、あのかしの木な、あのぐらいもあったべせ。

そして、かしの木のようにすいすいよくのびて、かんかく伸《の》びで、かんかんにかでえ八郎《はぢろう》の腕《うで》どが、肩《かだ》どが、胸《むね》どがを見《み》でれば、あんまし大《お》っきくて、見《み》でいるものは、ほいーと笑《わら》って、なあんと気持《きもち》いぐなってしまうんだど。

んだども な、八郎《はぢろう》は馬鹿《ばが》けだ奴《やづ》でせ、まっとまっと大《おお》っきぐなりてくてせ、山《やま》がら浜《はま》で走《はし》っていっては、海《うみ》さ向《む》がって、「うおーい、うおーい」って叫《さげ》ぶんだど。

んだっけしぇ、そのたんびに八郎《はぢろう》の胸《むね》は、

んかたい八郎のうでや、かたや、むねなんど見てると、あんまし大きくて、見てるものは、ほーいとわらって、つい、気持よくなってしまったと。

んだどもな、八郎ははばかけなやつで、まっと（もっと）まっと大きくなりたくてせ、山からはままでかけてっては、海さ向かって、「うおーい、うおーい」って、叫《さか》んだと。

んだっけしぇ、そのたんびに八郎のむねは、みきみき、みっきみき、みっきみきどって大《お》っきぐなってな、ままんで、かじ屋《や》のふいごみでえにふぐらがって、竹屋《たけや》の作《つぐ》るかごみでえに大《お》っきぐなって、浜《はま》の漁師《りょうし》が使《つか》う大《おお》びぐほどもでっけぐなって、しまいにゃ家一軒《うぢいっけん》すぽっとへえるほどにも育《おが》ったどしぇ。

そいにつれで、頭《あだま》もでっけぐなったべせ。んだから頭《あだま》っこさは、ひわだの、むぐだの、やまがらだのが巣《す》っこかげでせ、ときにゃ、めずらしぐ、巣《す》っこ作《つぐ》らねぇかっこーまでがやってきて、ぴちぴち、ちいちい、ちゅくち

みきみきって、おっきくなってな、ままんで、かじ屋のふいごみたいにふくらがって、竹屋のつくるかごみたいに大きくなって、はまのりょうしが使う大びくほどもでっかくなって、しまいには家一けん、すぽっとはいるほどにも、育《おが》ったとしぇ。

それにつれて、頭もでっかくなったべせ。んだから頭には、ひわだの、むくだの、やまがらだのが巣をかけてせ、ときには、めずらしく、巣は作らねえかっこーだのまでがやってきて、ぴちぴち、ち

ゆく、かっこーって鳴《な》いだどせ。

八郎《はぢろう》は朝起《あさお》ぎるなはな、この小鳥《ことり》がだが、日《ひ》が出《で》るどいっしょに、ぴちぴち、ちいちい、ちゅくちゅく、かっこーって鳴《な》ぐもんでせ、そいで、ひとりでに目《め》がさめるあんだど。ほして、しばらぐは、小鳥《ことり》がだがびっくりしねぇいに、だまーってしてるどもせ、八郎《はぢろう》はすんぐとまだ大《お》っきぐなりてぐなってせ、浜《はま》さかげおりてぐなるあんだども、まんつ、小鳥《ことり》がだがめんこいもんで、がまんしてらど。

んだども、やっぱしだめでせ。山《やま》みでえに大《お》っきぐ育《おが》

いちい、ちゅくちゅく、かっこーとないたとや。

八郎が朝起きるのはな、この、小鳥めらが日の出るのといっしょに、ぴちぴち、ちいちい、ちゅくちゅく、かっこーとなくものでよ、それで、ひとりでに目がさめたんだと。そして、しばらくは、小鳥どもがおどろかねえように、じっとしてるども、八郎はすぐまたおっきくなりたぐなってよ、はまさかけおりたくなるども、まんつ、小鳥めらがめんこくて（かわいく）、がまんしてらと。

んだども、だめだ。いまでは、山みてえにおっきく育《おが》った八郎の

った八郎《はぢろう》の胸《むね》のどこっからがせ「あぃー、おれあ、もっともっと大《お》っきぐなりてえなあー」っちゅう気持《きもぢ》が、夏《なづ》の空《そら》さかがる、雲《くも》みでえにむくむくどわいでくるあんだど。そうへば八郎《はぢろう》は、「うおーい」ってはね起《お》ぎで、浜《はま》さむがって走《はし》り出《だ》すんだど。いやそのどぎゃ、なんとみごどなもんでせ、八郎《はぢろう》の頭《あだま》の髪《かみ》さちりばめらいだ小鳥《ことり》がだが、いぢどぎにぱっと飛《と》び立《だ》ってせ、そいでも、八郎《はぢろう》の髪《かみ》の中《なが》さ、自分《じぶん》の巣《す》っこがあるもんだがら、あんまし離《はな》れねで、かすみみでに頭《あだま》の囲《まわ》りさ、ぴちぴち、ちいちい、ちゅくちゅく、かっこーって飛《と》びまわってせ、それだばきれいだっけど。

むねのどこかからよ、「あーあー、おら、もっとおっきくなりてえなあー」って気持がよ、夏の空さかかる、雲みてえにむくむくってわいてくるんだと。すると八郎は、「うおーい」とはね起きて、はまさかけ出すんだと。いやそのときは、なんとみごとなもんでよ、頭のかみさちりばめられた小鳥めらが、いちどきにぱっととび立ってな、それでも、八郎のかみの中さ、自分の巣があるもんだから、あんまりはなれねえで、かすみみてえに頭のまわりに、ぴちぴち、ちいちい、ちゅくちゅく、かっこーとびまわって、そりゃあきれいだっけと。

ほして浜《はま》さ出《で》だ八郎《はぢろう》はせ、砂《すな》の上《うえ》さ、牛《べごっこ》一《いっ》ぴぎほどもある足《あし》っこふんばって、くすの木《き》みでんだ手《て》っこ、腰《こし》さあでがって、胸《むね》のまわりさ、もちょもちょどたがる雲《くも》っこを、ふいーふいーどふいでせ、そいがら海《うみ》さ、「うおーい、うおーい」って叫《さけ》ぶあんだ。

んだども、海《うみ》はもっと大《お》っきもの、なんともねえ顔《かお》っこして、「どどーん、どどーん」ってしてるべ？

へば八郎《はぢろう》だば、

「あい仕方《しかだ》ね。あいすか、あいすか」

どって、まだ山《やま》さ、帰《けえ》るんだどや。

はまさ出た八郎はよ、すなの上さ、牛一ぴきほどずつもある足こふんばって、くすの木みてえだ手こ、こしさあてがると、むねのまわりさ、もちょもちょたかる雲こを、ふいふいとふいてせ、それから海さ、「うおーい、うおーい」と叫《さか》ぶのよ。

んだども、海はもっと大きいもの、平気な顔して、「どどーん、どどーん」って、なってるべ？

そこで八郎は、

「あい仕方《すかた》ね。あいすか、あいすか」

って、また山さ、帰るんだと。

ある日《ひ》のごどせ。八郎《はぢろう》がまだ、浜《はま》さ来《き》たっけせ、ひとりのめんけ男《おどご》わらしっ子《こ》が、海見《うみみ》でわいわい、海見《うみみ》でわいわいど泣《な》いでいだど。

八郎《はぢろう》は、わらしっこどごつまみ上《あ》げで、八《はぢ》畳《じょう》じぎもある手《て》のひらさ乗《の》へで、わげ聞《き》いだど。したっきゃ、そのわらしっこ、泣《な》ぎ泣《な》ぎ語《かだ》るどご聞《き》げば、毎年《まいとし》、毎年海荒《まいとしうみあ》れでせ、そのわらしっこどごのおどうの田《た》んぼは、潮水《しおみず》かぶってだめになってしまうんだど。そいで、

ある日のことせ。八郎がまた、はまさ来たっけせ、ひとりのめんけ(かわいい)おとこわらしが、海見てわいわい、海見てわいわい泣いていたと。

八郎は、わらしとこつまみ上げて、八じょうじきもある手のひらさ乗っけて、わけ聞いたと。したっきゃ、そのわらしこ、泣き泣き語るとこ聞けば、まいとし、まいとし海あれてせ、そのわらしとこのおとうの田は、しお水かぶってだめになってしまうんだと。んで、ことしもどうやらきょうあたり、水かぶりそうでよ、

今年《こどし》もどうやら今日《きょう》あだり、潮水《しおみず》かぶりそうだどって、おどうもおがあも、村《むら》の人《ひと》だぢもせ、わらしっこどごなのかまわねんで、大《おお》さわぎで水《みず》ふせぎにかがっているあんだど。

八郎《はぢろう》はせ、心《こごろ》のやさし山男《やまおどご》であったがら、男《おどご》わらしっこがめんけくっててせ、
「泣《な》ぐな、泣《な》ぐな、おれが遊《あそ》んでやるがらな」って言《ゆ》ったども、そのまめみでんた男《おどご》わらしっこは、あっちでおおぜいして、土手《どて》つぐっ

おとうもおっかあも、村の人もよ、わらしとこかまわねえで、大さわぎで水ふせぎにかかっているんだと。

八郎はよ、心のやさし山男であったから、男わらしがめんこくってよ、
「泣ぐな、泣ぐな、おらが遊んでやるがらな」って言ったども、そのまめみてえだ男わらし、あっちでおおぜいして、

て大《おお》さわぎしてる、おどう、おがあのほうを見《み》ではわいわい、白《しれ》え長《なげ》え歯《は》むいで、えへえへ笑《わら》ってる暗《くれ》え海見《うみみ》ではわいわい泣《な》いで、泣《な》ぎやまねえもんだがら、八郎《はぢろう》もな、おっきたおっきた山男《やまおどご》だったども、つい、なさげねぐなってせ、石臼《いしうす》みでんた涙《なみだ》っこ一《ひと》つぶ、ぽろっーとこぼしてせ、

「んだば、わがった。待《ま》ってれ！」って言《ゆ》ったど。

ほして、がやがや、わいわい言《ゆ》って、ちっ

土手きずいて大さわぎしている、おとう、おっかあのほうを見てはわいわい、白い長い歯をむいて、えへえへわらう暗い海見てはわいわい、泣いて泣きやまねえので、八郎もよ、おっきなおっきな山男だったども、つい、かなしくなってせ、石うすみてえだなみだこ一つぶ、ぽろーりとこぼしてな、

「んだば、わかった。待ってれ！」と言ったと。

そして、がやがや、わいわいいって、ちっぽけな土手きずいている百姓がたさ向かう

ちゃけ土手《どで》をつぐってる百姓《ひゃくしょう》がださ向《む》がって、

「おーい、待《ま》で、おれがしてやるがら！」

ってゆってせ、海《うみ》のほうをながめだんだど。

そのどぎゃあ、もう、沖《おぎ》は真《ま》っ黒《くろ》で、海《うみ》はひっちぎれだ黒《くれ》え雲《くも》っこを頭《あだま》の上《うえ》さひっかぶって、その上《うえ》まで白《しれ》え波《なみ》っこを、馬《うま》みでえにはね上《あ》げでせ、ざざんざー、ざざんざどな、ままんで、噴水《ふんすい》みでんであったど。

と、

「おーい、待て、おらがしてけるべ！」

と語ってな、海のほうをながめたと。

こんときゃあ、もう、おきはまっ暗《くら》で、海はひっちぎれた黒い雲を頭の上さひっかぶって、その上まで白い波を、馬のようにはね上げてせ、ざざんざ、ざざんざとな、ままんで、ふん水のようであったと。

八郎《はちろう》はな、びっしゃびしゃど逆《さか》さに振《ふ》って足《あし》っこさかみついでくる、波《なみ》っこけとばしてせ、手《て》のひらさ乗《の》へだ男《おどご》わらしっこを、しぶぎのかがらねえどごさ置《お》いでやってがらせ、ぴゅー、ぴゅーって、山《やま》のふもどさ走《はし》って帰《けえ》ってせ、

「よおー」って、山《やま》さ手《て》っこかげでかつごうどしたあんだど。

したども、山《やま》は山《やま》だもの、どしどしどゆったども、ちょこっと動《うご》いだっきりで、あどは

八郎はよ、びしゃびしゃさかさにふって足こかみにくる、波こけとばしてよ、手のひらさ乗せた男わらしこを、しぶきのかからねえところさ、おいてやるとせ、ぴゅーっ、ぴゅーって、山のふもとさ走って帰ってせ、

「よおーっ!」って、山さ手をかけてかつごうとしたと。

したども、山は山だもの、どしどしといったども、少し動いたっきりで、あとは動かねかったと。

動《うご》がねがったど。

八郎《はぢろう》はな、こいだばだめだがなど思《おも》ったど。

したどもしぇ、あの男《おどご》わらしっこの、涙《なみだ》ふりとばして泣《な》いでいだごどを考《かんげ》えればせ、

「なぁんと、こんた山《やま》っこあーっ！」

って叫《さけ》んだど。ほして、山《やま》のふもどどてっぺんさ両手《りょうて》をかげで、めっきめっき、ゆっさゆっさ、ぐらぐら、ががら、よおむ、む、むーんど、とうどしょい上《あ》げで、顔《かお》っこを真《ま》っ

八郎はな、これはだめかなと思ったと。

したでもしぇ、あの男わらしこの、なみだふりとばして泣いてたのを考えるとよ、

「なあ、ん、の、こったら山あーっ！」

と叫《さか》んだと。そして、山のふもとてっぺんさ両手をかけると、めきめき、ゆっさゆっさ、ぐらぐら、ががら、よおむ、む、むーんと、とうとうしょい上げて、顔まっかに

赤《か》にして力《りき》んでせ、ひょろひょろ、ひょろひょろって、浜《はま》のほうさ歩《ある》き出《だ》したんだど。

八郎《はぢろう》が浜《はま》さ近《ちけ》ぐなったっけな、村《むら》のひとがだはせ、八郎《はぢろう》が山《やま》っこしょってきたもんだがら、たまげでしまったあんだど。海《うみ》のやづあ怒《おご》って、さびいさびい風《かぜ》っこを、ぴゅーっ、ぴゅーっって吹《ふ》ぎつけだもんだがら、八郎《はぢろう》のへながで、山《やま》っこは、

「はぢろおー、おらさびいー、おらさびいー」

力んでな、ひょろひょろ、ひょろひょろって、はまのほうさ歩き出したと。

はまさ近くなるとな、村の人がたはな、八郎が山こしょってきたので、たまげてしまったども せ、海のやつはおこって、さみいさみい風こを、ぴゅーっ、ぴゅーって、ふきつけたもんでな、八郎のせなかで、山は、

「はちろおー、おらさみい、おらさみい」って、がたがた、がたがたふるったと。

どって、がたがた、がたがたどふるえだど。
したっけ、八郎《はぢろう》はせ、「だまってれ、やがましー！　わらしっこ泣《な》いでいで、かわいそうでねが！」どって、その山《やま》っこ、海《うみ》の中《なが》さ、やあーっ！　って、投《な》げだしたどせ。したっきゃ、なんと海《うみ》のやづあ、ざばーっ！　って、まっ二《ぷた》つにわれでせ、われだ二《ふた》つが黒《くれ》え太陽《たいよう》まで飛《と》び上《あ》がってせ、ほして夕立《ゆうだち》みでえにびしびしど落《お》ぢできた海《うみ》の水《みず》は、ざばざば、ざばざばーど、沖《おぎ》のほうさ行《い》ってしまったど。

したども、八郎はな、「だまってれ、やかまし！　わらしこないたれば、かわいそうでねが！」って、その山こ、海の中さ、やあーっ！　って、ほうったとせ。したっきゃ、なんと海のやつ、ざばーっ！　って、まっ二《ぷた》つにわれてよ、われた二《ふた》つが黒い太陽までとび上がってせ、夕立のようにびしびしふってきた海の水は、ざばざば、ざばざばって、おきのほうさ行ってしまったと。

こいを見《み》でだ百姓《ひゃくしょう》がだはよろごんでせ、なんとありがでぇごった、こいで海《うみ》の水《みず》ぁ止《と》まった、あどぁ、おらがだの田《た》んぼは助《たす》かったでぁ、八郎《はぢろう》はなんとえれぇ山男《やまおどご》だどって、口《くち》ぐぢに語《かだ》ってせ、さっき泣《な》いだ男《おどご》わらしっこも、もみじみでんたちっちゃけ手《て》っこ、ぱちぱちどただいで喜《よろご》んだもんだで、八郎《はぢろう》も白《しれ》え歯《は》っこ出《だ》してにこにこってしたどぎな、その男《おどご》わらしっこあ、まだ沖《おぎ》のほう見《み》でわいわい、

これを見て百姓がたはよろこんでよ、なんとありがてえこった、これで海の水せき止まった、もうおらがたの田はだいじょうぶだ、八郎はええ山男だ、って、口ぐちに語ってよ、さっきないた男わらしこも、もみじみてえだちっちゃな手こ、ぱちぱちたたいてよろこんだので、八郎も白い歯こ出してにこにこしたときよ、その男わらしこ、またおきのほう見てわいわい、おきのほう見てわいわい、泣き

沖《おぎ》のほう見《み》でわいわい、泣《な》ぎ出《だ》したんだど。
　見《み》だっけ、がんがんに怒《おご》った海《うみ》がせ、沖《おぎ》のほうで相談《そうだん》っこぶって、海《うみ》の水《みず》みんな集《あづ》めでせ、なんとしても、田《た》んぼっこみんな飲《の》んでしまうどって、むぐむぐ、もぐもぐ、って押《お》しよへてくるでねえが。

　なんと、村《むら》の人《ひと》がたはおんおんって、騒《さわ》ぐし、わらしっこはまだ、涙《なみだ》ふり飛《と》ばしておっかねがるべ！

出したと。
　見れば、がんがんにおこった海がよ、おきのほうでそうだんこぶって《（して）》、海の水みんな集めてよ、なんとしても、田っこみんなのんじまうどって、むくむく、もくもく、おしよせてくるでねえがや。

　さあ、村の人がたはおんおんって、さわぐし、わらしこはまた、なみだふりとばしてかなしがるべ？

そごで、八郎《はちろう》が言《ゆ》ったど。「泣《な》ぐなわらしっこ。おめえの泣《な》ぐの見《み》れば、おれも泣《な》ぎてぐなる。しんぺえーすんな、見《み》でれ！」

ほして、海《うみ》さ沈《しず》めらいで、頭《あだま》だけ出《だ》してるさっきの山《やま》っこさ、言《ゆ》ったど。

「うおーい、さびぃさびぃって言《ゆ》ってだ山《やま》っこ、おれも、おめえの隣《となり》さ、行《え》ぐがらな！」

このどぎゃぁもう、海《うみ》はじゃばじゃば、がばがば、どどーん、どどーんってておしよへできていで、浜辺《はまべ》の田《た》んぼっこを、みんなひと

そこで、八郎が言ったと。

「泣ぐなわらしこ。おめえの泣ぐの見れば、おらも泣ぎたぐなる。しんぺえすんな、見てれ！」

そして、海さしずめられて、頭だけ出してるさっきの山さ、言ったと。

「うおーい、さみさみ言ってた山こ、おらも、おめえのとなりさ、行《え》ぐからな！」

こんときゃもう、海はじゃばじゃば、ががばば、どどーん、どどーんっておしよせてきて、はまべの田っこ、みんなひとのみにしようとしてた

秋田弁 ── 八郎

のみにするどごだったんだども、八郎は泣いでるわらしっこの頭っこ、ひとなでして、わらしっこさちらっと笑って、

「したらば、まんつ」って言ったど思ったっけ、

「わあ、あ、あ」って両手広げで、よへでくる波っこを胸でおし返しながら、海の中さ、ぐっくとへえって行ったんだど。


海ぁ押す。八郎は押し返す。海ぁまだ押す。


つけが、八郎は泣いてるわらしこの頭、ひとなですると、うしろ向いて、ちらっとわらって、

「したらば、まんつ」と、言ったかと思うと、

「わあ、あ、あ」と、両手を広げて、よせてくる波こをむねでおし返しながら、海の中さ、ぐっくとはいって行ったと。


海はおす。八郎はおし返す。

八郎《はちろう》の腹《はら》がら、胸《むね》がら、肩《かだ》まで水《みず》がきてな、とうどう、首《くび》がら鼻《はな》まで水《みず》っこが来《き》たどぎな、八郎《はちろう》はそごらじゅうがひっくりけえるいんた声《こえ》で、叫《さけ》んだのせ。

「わがったあ！　おれが、なしていままで、大《お》っきぐ大《お》っきぐなりてがったんだが！　わがったあ！　おれは、こうやって大《お》っきぐ大《お》っきぐなって、こうやって、みんなのためになりてがったなだ、んでねが、わらしっこ！」

海はまたおす。八郎のはらから、むねから、かたまで水がきてよ、とうとう、くびからはなまで水がきたときよ、八郎はそこらじゅうが、ひっく(ひっく)らかえる(り)ような声で、叫《さか》んだとや。

「わかったあ！　おらが、なして(なんで)いままで、おっきくおっきくなりたかったか！　おらは、こうしておっきくおっきくなって、こうして、みんなのためになりたかったなだ、んでねが、わらしこ！」

浜《はま》さいだ百姓《ひゃくしょう》だぢあ、みんなで、

「んだんだ、おめえのおがげで、おらがたあほんとに助《たす》かったであ」って、泣《な》いだど。

しだども、わらしっこはまだわらしっこで、いぐわがらねえもんだがら、八郎《はぢろう》の頭《あだま》っこを波《なみ》っこがこえで、いままで髪《かみ》の中《なが》さ巣《す》っこかげでいだ小鳥《ことり》がだが、ぱっと飛《と》び立《た》って、ぴちぴち、ちいちい、ちゅくちゅく、かっこーって鳴《な》いで、上《あ》がり下《さ》がりするなを見《み》で、ち

はまさいた百姓がたは、みんなで、

「んだ、んだとも。おめえのおかげで、おらがたほんとに助かったどやあ」って、泣いたと。

んだども、わらしこはまだわらしこで、よくわからねえもんだから、八郎の頭こ波がこえて、いままでかみの中に巣をかけていた小鳥めらが、ぱっととび立って、ぴちぴち、ちいちい、ちゅくちゅく、かっこーってないて、あがりさ

っちゃけ手《て》っこぱちぱちただいで喜《よろご》んでらど。

したっきゃ、八郎《はぢろう》の沈《しず》んだあどの波《なみ》っこの上《うえ》さも、ちっちゃけえあわっこがぱちぱちー立《た》って、ままで、八郎《はぢろう》が笑《わら》ったいに見《み》えだどしぇ。

海《うみ》も、八郎《はぢろう》が自分《じぶん》の腹《はら》の中《なが》さ入《へい》ってきてばだづぐもんだがらせ、こいだばかなわねえどって、とうどうあぎらめで、すかだねえがら沖《おぎ》のほうさ行《い》ってどぴーん、沖《おぎ》のほうさ行《い》っ

がりするのを見て、ちっちゃな手こぱちぱちたたいてよろこんでらと。

したっきゃ、八郎のしずんだあとの波この上にも、ちっちゃなあわこがぱちぱち立って、まるで、八郎がわらったように見えたとしぇ。

海も、八郎が自分のはらの中さはいってきてけっぱる（ばたつく）のでよ、これはかなわねえと、とうとうあきらめて、すかた（仕方）がねえからおきのほうさ行ってどぴーん、おきのほうさ行ってどぴーんとあばれていたと。

てどぴーんど暴《あば》れでいだんだど。

そいで、いまでも沖《おぎ》の方《ほう》では、海《うみ》はどぴーんどぴーんど、荒《あ》れるのせ。したども、八郎《はぢろう》がふんばってる八郎潟《はぢろうがた》は波《なみ》が静《しず》かでせ、八郎《はぢろう》が、ぴゅーっ、ぴゅーって、口笛吹《くぢぶえふ》ぐたんびに、しらほは鹿渡《かど》の村《むら》がら脇元《わぎもど》の岸《きし》さ、すいーっ、すいーど走《はし》るあんだ。ほして八郎《はぢろう》に、腹《はら》まで海《うみ》さ沈《しず》めらいだ山《やま》っこはせ、いぐぢなしで、おらさびい、おらさびいって、風《かぜ》さび

それで、いまでもおきのほうでは、海はどぴーんどぴーん、あれるのよ。したども、八郎がけっぱってる八郎潟は波がしずかでよ、八郎が、ぴゅーっ、ぴゅーって、口ぶえふくたんびに、しらほは鹿渡《かど》の村から脇元《わきもと》の岸さ、すいーっ、すいーって走るのよ。そして八郎に、はらまで海さし

がったもんだから、いまでも「寒風山《さむかぜやま》」って、みんながらわらわいでせ、わらわいでも、海《うみ》がら風《かぜ》っこが吹《ふ》いでけば、そのたんびに頭《あだま》っこをすぐめで、

「おらさびい、おらさびい」って、泣《な》いでらど。

え？　あの男《おどご》わらしっこは、なんとしたってが？

あの男《おどご》わらしっこはせ、大《お》っきくなって大《お》っきくなって、人《ひと》のためになった八郎《はぢろう》ばまね

ずめられた山こはよ、いくじなしで、おらさみい（寒い）、おらさみいって、風《かぜ》寒《さむ》がったもんだから、いまでも「寒風山《さむかぜやま》」って、みんなからわらわれてせ、わらわれても、海から風がふいてくれば、そのたんびに頭をすくめて、

「おらさみい、おらさみい」って、泣いてらよ。

え？　あの男わらしこ、なんとしたってか？

あの男わらしこはよ、おっきくなって、おっきくなって、ひとのためんなった八郎ばまねてよ、どこかで、おっきくなって、

してせ、どごがで、きっと大《お》っきぐなって、
大《お》っきぐなっているべもの。

（秋田弁『八郎』は斎藤隆介作の『八郎』を、朗読者の浅利香津代氏に秋田県仙北《せんぼく》郡の方言に訳し直していただきました）
（CDの最後〔トラック番号24〕に、浅利香津代氏による秋田弁の五十音発声が収録されています）

おっきくなっているべもの。

（斎藤隆介『八郎』福音館書店より）

【秋田弁の効能】　ほっとほどけて温かい身体になる

「はじめに」にも書いたように、斎藤隆介さんの『八郎』を大阪の小学校二年生が全文暗誦しているのを聴いたことが、強く心に残っている。大阪の子どもが秋田弁の作品を暗誦しているうちに、ふだんの会話まで秋田弁ぽくなってしまった――こんな現実を目にすると、方言はその地方の人のものだけではないと思えてくる。方言は日本語の一番おいしいところだ。それは皆で食べるのがいい。

今回は収録時間の関係で、ＣＤには全文収録できなかったのは残念だが、浅利香津代さんのすばらしい秋田弁によって、秋田弁の魅力は十分伝わってくるものになったと考えている。

浅利さんは一九七六年のＮＨＫの連続テレビ小説「雲のじゅうたん」で世に出た方だ。このドラマは女性パイロットの草分けを描いたもので、浅利さんは秋田出身の主人公の姉役を演じた。ドラマの魅力の重要な部分は秋田弁だった。その指導をしたのが浅利さんだった。浅利さんは女優としてそれまでは秋田なまりが出ることを怖がっていたが、これがきっかけで秋田弁の魅力に目覚めたという。

本書のレコーディングの際に、浅利さんが秋田弁で「あいうえお……」の五十音をやってくださった。「あいうえお」の母音自体がすでになまっているのだそうだ。そのなまりがすべての子音にくっついていく。CDを聴いていただくとわかるように、じつに楽しい五十音の発声だった。

浅利さんによれば、同じ秋田県でも地域によって秋田弁が異なるそうだ。そのあたりをわきまえていないと、異なる地域の秋田弁を「これは本物の秋田弁じゃない」と思わず言いかねない。

斎藤隆介さんの『八郎』は秋田弁と標準語をたくみに配しているが、本書の朗読に際しては、浅利さんによってより本格的な秋田弁（仙北郡のもの）に書き換えてもらってある。浅利さんいわく、読むときに、徹底した秋田弁でないと気になるのだそうだ。だからこれは、浅利香津代版の『八郎』ということになる。秋田の人のあったかさが言葉に乗り移ってこちらに伝わってくるようだ。『八郎』は八郎潟の伝説にもとづくものだが、子どもたちや村の人のためにからだを張って海に立ち向かう男の心の温かさを伝えている。

この朗読を聞きながら、一緒に声に出して、ほっとからだがほどけて心もからだも温かくなってくる感触をぜひ味わってみてほしい。

あとがき

あの名作『雪国』を名古屋弁で、『人間失格』を広島弁でやる。これだけでもう、ノーベル文学賞をなめているのか、というお叱りの声が聞こえてきそうだ。一見奇をてらったように思えるかもしれないが、大まじめな企画だ。作業を進めていくうちに、私自身が、なぜここまで本格的にやることになってしまったのかと泣きが入るほどの力作になった。

方言こそ、日本語の中心であり、文化資産としての日本語の半分以上を占める、と固く信じている私は、このCDブックの企画を思いついたとき、いてもたってもいられなくなった。自分の生まれた土地の方言だけでなく、他の方言もマスターしてしまおう、というテーマでテキストを探した。ところが、方言で書かれた有名な作品は意外に少ない。会話部分だけが方言で、あとは標準語だったりする。そこで、草思社編集部の武内明香さんに東北、四国、九州に行ってもらった。そのおかげで、土佐弁の『土佐日記』や鹿児島弁の『坊っちゃん』などにめぐり会うことができた。

テキストの選定のあとは、それを方言に直してもらう作業があった。それをその方言を身体の技としている方々に朗読していただいたのだが、その出来ばえは、収録スタジオがどよめくほどであった。まさかこれほど方言が奥深い魅力を放つものとは、思ってもみなかった。

方言には手触りのよさがある。不思議が生命力がある。方言を朗読している方々も、方言の収録にはいると、がぜん息の力が強くなり、生命力があふれ出てくるのであった。方言を失っていくことで、私たちは一番大切な生命力を衰えさせているのではないか。そう感じさせる声と身体の迫力であった。言葉は身体とともにある――こう実感させてくれるCDになった。一度通して聞いていただいて、気に入った方言を繰り返し聞いてどっぷりとつかっていただくのもいいかもしれない。「方言の湯」という「湯」につかる気分でゆったりと味わっていただければ幸いだ。

この本が形になるにあたってはじつに多くの方々のお力添えをいただいた。訳者、朗読者、監修者の方々は、感謝をもって巻末にご経歴を掲載させていただいた。そのほかにも高知女子大学助教授(土佐ことば文化研究所所長)橋尾直和氏、博多史研究家・江頭光氏、福岡シティ銀行広報室顧問・土居善胤《よしたね》氏、劇団「風見鶏」代表・貫見《ぬくみ》忠司《ちゅうじ》氏にもたいへんお世話になった。ここに感謝の意を捧げたい。また草思社の木谷東男氏、武内明香さんには、『CDブック　声に出して読みたい日本語』と同様にお世話になった。

このCDがきっかけとなって、二十一世紀の文化として方言教育が充実することを祈ってやまないが、最後に方言復活のアイディアを一つ。テレビの地方局は、ニュースや天気予報をぜひ方言でやってほしい。標準語はテロップで下に流せばいい。方言が絶滅寸前の状況に追い込まれたのには、テレビにも大きな責任がある。標準語こそが正式な言語だと刷り込んでしまったのだ。いまや全国各地どこでも標準語を話すことができるようになっている。二十一世紀は方言の時代である。ぜひ勇気を持って取り組んでほしい。

二〇〇四年一月　　齋藤孝

収録内容・朗読者・収録時間（白抜き数字はＣＤのトラック番号）

【広島弁】 2		
3 人間失格	鈴木伸也	2'23"
【博多弁】 4		
5 一口にわか	小松政夫（口演）	1'35"
6 毛布売り	小松政夫（口上）	1'53"
【名古屋弁】 7		
8 雪国	天野鎮雄	7'55"
【津軽弁】 9		
10 弁天娘女男白浪	伊奈かっぺい	1'05"
11 枕草子	伊奈かっぺい	1'38"
12 方丈記	伊奈かっぺい	1'25"
13 百姓女の酔っぱらい	伊奈かっぺい	2'17"
【鹿児島弁】 14		
15 坊っちゃん	和田　周	11'02"
【京都弁（京ことば）】 16		
17 源氏物語	井上由貴子	8'16"
【沖縄弁（ウチナーグチ）】 18		
19 金色夜叉	小那覇舞天（口演）	3'46"
【土佐弁】 20		
21 土佐日記	ふぁーまー土居	3'14"
【秋田弁】 22		
23 八郎	浅利香津代	14'58"
24 秋田弁による五十音発声	浅利香津代	1'00"

（ＣＤ１枚＝ 63'16" 収録）

訳者・朗読者・監修者・原作者プロフィール

（原作者については一部の方のみ収載しました）

【広島弁】

●鈴木伸也（すずき・しんや）——訳・朗読

1950 年 7 月、ＮＨＫ広島放送劇団（広島中央放送局）に入団、声優となる。1952 年 4 月、ＮＨＫの専属劇団員となり、1995 年に退職。四十余年にわたり放送劇一筋に歩み、現在は、邦楽プロデューサーとして、邦楽、舞踏関係の構成・演出等を手がけている。1955 年、田辺まもる作「軽便鉄道の消える日」で、地方劇団としては初めて同年度芸術祭奨励賞受賞。1960 年、岩間芳樹作「鳥の四季」で同年度芸術祭優秀賞受賞。

【博多弁】

●小松政夫（こまつ・まさお）——口演・口上

生粋の博多っ子。昭和 36 年、父の死で一念発起し、俳優を目指して上京するが、一時は役者をあきらめ、さまざまな職業に就く。自動車セールスマンの時代に、公募で植木等の付き人兼運転手として芸能界入り。日本テレビ「シャボン玉ホリデー」でデビュー。その後「もういや、こんな生活！」といったギャグや「電線音頭」「しらけどり音頭」、ものまねで一躍、人気者になる。現在は、伝統的なコメディとインテリジェンスの香りのする奥行きのある笑いをつくりだしている。また、俳優としての評価も高く、その実力を問われる芝居の大舞台でも引っ張りだこ。2002 年、博多町人文化勲章受章。本書の『一口にわか』『毛布売り』は氏が子どもの頃に聴いて覚えていたものをアレンジして再現してくれたものである。

【名古屋弁】

●岩中祥史（いわなか・よしふみ）——訳

1950 年生まれ。東京大学文学部卒業。出版社に勤務後、

独立して編集企画会社・エディットハウスを設立。現在、同社代表取締役。著書に『出身県でわかる人の性格　県民性の研究』（草思社）、『名古屋学』（新潮文庫）、『博多学』（新潮社）、『不思議の国の信州人』（共著、ＫＫベストセラーズ）などがある。全国をほとんど踏破して県民気質を探った、現代県民性評論の第一人者。

●**天野鎮雄**（あまの・しずお）――朗読

1936年、名古屋市生まれ。ＮＨＫ名古屋放送劇団を振り出しに、「文学座」、「創造社」（大島渚主宰）、「山本安英の会」などを経て、ラジオ、テレビ、舞台で活躍。アマチンの愛称で親しまれ、妻で女優の山田昌さんとともに巧みな名古屋弁を駆使した芝居・朗読には定評がある。これまで出演した主なテレビ作品には、ＮＨＫの「中学生日記」、銀河ドラマ「本日開店」、東海テレビの「アマチンの土曜リポート」、「天チンの土曜サロン」など。また、ラジオでは、東海ラジオ「ミッドナイト東海」や「さん！さん！モーニング」、「アマチンのラジオにおまかせ」、「サタデーパーク　アマチン通り」など多数。「さん！さん！モーニング」では、数々の社会福祉キャンペーンを展開し、日本民間放送連盟賞を３年連続受賞。現在、劇団「劇座」の代表、財団法人「愛知難病救済基金」理事長もつとめる。

【津軽弁】

●**福士幸次郎**（ふくし・こうじろう）――方言詩『百姓女の酔つぱらひ』原作者

1889年、青森県弘前市生まれ。詩人。中学卒業間際になって教師と衝突、退学を余儀なくされて上京し、国民英学会に学ぶ。1908年、秋田雨雀の紹介で佐藤紅緑の書生となる。1910年、紅緑のもとを去り、雑誌「テラ・コツタ」発行。1914年に、第一詩集『太陽の子』を上梓。1920年、第二詩集『展望』が新潮社から刊行される。1922年、詩誌「楽園」創刊。翌年、関東大震災のために

帰郷。1925 年に東奥義塾で教鞭をとり、翌年には「日本最初の地方主義宣言」を発表。同時に方言による詩を提唱して、津軽在住の詩人たちに方言詩の伝統を残した。青森日報の主筆に迎えられたとき、高木恭造が記者として在籍していた。1927 年に再び上京。『日本音数律論』、『原日本考』などを発表。1946 年、千葉県館山市に疎開していた長兄の家で 56 歳の生涯を閉じる。

●伊奈かっぺい（いな・かっぺい）——訳・口演

青森県生まれ。昭和 41 年、青森県立弘前南高校を第一回生として卒業。同 43 年、陸奥新報社に入社するが、絵に描いたような一日社員で同日退社。同年 RAB 青森放送に入社。昭和 49 年、方言詩集『消ゴムでかいた落書き』を自費出版。これが「伊奈かっぺい」のユニークな活動のきっかけとなる。日常生活に題材をとったペーソスある独特の笑いの世界を創り上げ、自作の詩を朗読や歌にしたステージ活動を展開し全国的に幅広いファンを獲得する。現在、報道制作局副参事。主なＣＤに「にぎやかなひとりごと」（ゴールデンディスク賞受賞）、最新作「へばだば」など。主な著書に『平成・消ゴムで書いた落書き』『でったらだ消ゴム』『津軽弁・違る弁』など。本書の津軽弁は、主に『でったらだ消ゴム』のなかの作品を収録した。

【鹿児島弁】

●橋口満（はしぐち・みつる）—— 訳・監修

鹿児島県生まれ。立正大学卒業後、千葉県内の中学校教諭、小学校教諭、小学校教頭を経て、現在、勝浦市立荒川小学校校長。日本民俗学会会員、日本音声学会会員、大隅史談会会員。著書に、『鹿児島県方言辞典』（桜楓社）『甑島移住史』（高城書房）『残しておきたい鹿児島弁　Ⅰ～Ⅱ』（高城書房）『鹿児島方言大辞典　Ⅰ～Ⅱ』（高城書房）。本書の鹿児島弁『坊っちゃん』の冒頭の一節は『残しておきたい鹿児島弁』よりの引用である。

●和田周（わだ・しゅう）——朗読

東京生まれ。中学より母方の郷里・鹿児島の親戚宅に寄寓。県立甲南高校を卒業後、上京して俳優業を志す。1980年、演劇組織「夜の樹」を結成。戯曲・演出・出演を担当。「キャベツ畑の中の遠い私の声」「吸血鬼の咀嚼について」「つたえてよフランケンシュタインに」ほか17作品をル・ピリエ、ジァンジァン、ザムザ等、都内の地下劇場で上演、現在に至る。著書に『和田周戯曲集1～3』（「夜の樹」ホームページ http://www.yorunoki.com）

【京都弁（京都ことば）】

●中井和子（なかい・かずこ）——訳・監修

京都の町衆の中心である長刀鉾町に生まれる。1952年、京都大学文学部国文学科卒業。現在、京都府立大学名誉教授。1976年から、『源氏物語』の現代京ことば訳にとりかかり、12年かかって全訳完成。カセットと本『京ことば　源氏物語』（大修館書店）、ついで『現代京ことば訳　源氏物語　全三冊』（大修館書店）を上梓。2000年4月から2001年12月まで、ＫＢＳ京都ラジオで「京ことばで綴る　源氏物語」を放送。それをもとにして、2003年11月、『京ことばで綴る　源氏物語』（10巻ＣＤ）（ジェー・ピー、キングレコード）を上梓。2003年には、スウェーデン・ストックホルム大学で『源氏物語』の演習と講義を行う。ほかに、『源氏物語——折々の心』（大修館書店）『源氏物語——いろ・にほひ・おと』（和泉書院）『源氏物語と仏教』（東方出版）『21世紀によむ日本の古典⑥源氏物語』（ポプラ社）等の著書がある。

●井上由貴子（いのうえ・ゆきこ）——朗読

1931年、京都市生まれ。1956年、京都府立大学文・家政学部文芸科（現・文学部文学科）卒業。高等学校国語科教諭を務める。元京都放送劇団員。観世流名誉師範。

【沖縄弁（ウチナーグチ）】

●小那覇舞天（おなは・ブーテン）——沖縄漫談『金色夜叉』原作者・演者

1897 年、沖縄・今帰仁《なきじん》村生まれ。1915 年、日本歯科医学専門学校（現日本歯科大学）に進学。1922 年、沖縄に帰り、嘉手納で歯科医院を開業。その一方で、舞天の芸名で漫談、寸劇、演出、作詞作曲と多岐に活躍、大衆の人気をさらう。沖縄の大衆演劇の再建にも奔走し、1949 年以降、沖縄歌劇「乙姫劇団」の脚本などアドバイザーをつとめる。1960 年、沖縄民謡のエポックメイキング的なグループ「フォーシスターズ」を結成、1969 年に亡くなるまでプロデュースを手がける。本書の沖縄漫談『金色夜叉』は氏の芸を収録したＣＤ『沖縄漫談　ブーテン笑いの世界』（B/C REDORD）に収載。

●西岡敏（にしおか・さとし）——沖縄口《ウチナーグチ》聴き取り・標準語訳

奈良県生まれ。東京大学大学院人文社会系研究科博士課程修了。沖縄語の敬語研究によって文学博士号（言語学）を取得。現在は、沖縄県立芸術大学大学院芸術文化学研究科にて芸術学博士号の取得を目指す。琉球列島の言語・文学・芸能・民俗等の奥深さに魅せられ、琉球文化の研究を続けている。共著に『沖縄語の入門　たのしいウチナーグチ』（西岡敏・仲原穣［著］　伊狩典子・中島由美［協力］　2000 年　白水社刊　別売ＣＤ有り）。

【土佐弁】

●ふぁーまー土居（ふぁーまー・どい）——朗読

高知県生まれ。高知で長年活動しているタレントで、つねにこてこての土佐弁をしゃべる。「ふぁーまー」という名のとおり、本業は施設園芸農家で、新生姜やシシトウなどを栽培。ＲＫＣラジオのパーソナリティを皮切りに、テレビにも出演するようになり、現在、高知放送（ＲＫＣ）の「公園通りのウィークエンド」「いのちの森」などのパーソナリティをつとめるかたわら、各種 CM にも出演。2002 年 4 月に「公園通りのウィークエンド」の人気コー

ナー「ふぁーまー土居のたんね歩記」をまとめた『ふぁーまー土居のたんね歩記』(RKC 高知放送)を上梓。地元の人が作ったおいしいまんじゅう、とれたての野菜や魚介類を使った自慢料理を出す民宿、直販所、神社や緑に囲まれた滝など、ふるさとのいいところを一冊にまとめた。

【秋田弁】

●**斎藤隆介**(さいとう・りゅうすけ)――民話『八郎』原作者

1917年、東京生まれ。明治大学文芸科卒業後、新聞・雑誌記者を経て、戦後は疎開先の秋田でＮＨＫライター、わらび座文芸演出部客員。1950年「秋北中学生新聞」に『八郎』を発表。翌年、画家滝平二郎と知り合い終生コンビを組む。58年に帰京、新制作座文芸演出部嘱託、ルポライターなどをした。主な著書に絵本『三コ』『でぇだらぼう』(福音館書店)『花さき山』『モチモチの木』『ひさの星』(岩崎書店)、短編童話集『ベロ出しチョンマ』(理論社刊、小学館文学賞)『天の笛』(風濤社)、ルポ『職人衆昔ばなし(正・続)』(文藝春秋)など。1985年逝去。

●**浅利香津代**(あさり・かずよ)――訳・朗読

秋田県生まれ。日本大学芸術学部演劇学科卒業後、劇団「新人会」、劇団「前進座」を経てフリーとなる。ラジオ、テレビ、舞台に幅広く活躍し、文化講演、日舞、イベント等もこなす。舞台では水上勉作・演出「釈迦内柩唄」の藤子役にて文化庁芸術祭優秀賞受賞。井上ひさし作、鵜山仁演出「雪やこんこん」の和子役にて紀伊國屋演劇賞受賞。宮本研作、木村光一演出・一人芝居「花いちもんめ」で関西十三夜会賞受賞。近松門左衛門原作、鈴木完一郎演出「曾根崎心中」～文楽人形とのジョイント～公演で関西十三夜会賞受賞。大劇場の商業演劇にも数多く出演し、また、「貞子―秋田おばこ物語―」、一人芝居「足の裏の神様」「影法師」等の自主企画公演も手がける。本書の秋田弁『八郎』は浅利氏が斎藤隆介氏の同名著作を秋田県仙北《せんぼく》郡の方言に訳しなおしたものである。

ＣＤブック　声に出して読みたい方言

2004 年 2 月 20 日　第 1 刷発行
2004 年 3 月 18 日　第 4 刷発行

著　者　齋藤　　孝
装幀者　前橋隆道
発行者　木谷東男
発行所　株式会社 草思社
〒151-0051　東京都渋谷区千駄ヶ谷 2-33-8
電　話　営業 03 (3470) 6565　編集 03 (3470) 6566
振　替　00170-9-23552
録音・ＣＤプレス　中録サービス株式会社
印　刷　錦明印刷株式会社
製　本　大口製本印刷株式会社

ISBN 4-7942-1281-X
Printed in Japan

●ＣＤ取扱上の注意
・ディスクは両面とも、指紋、汚れ、傷を付けないように取り扱ってください。
・ディスクが汚れたときは、眼鏡拭きのような柔らかい布で内周から外周に向かって放射状に軽くふき取ってください。レコード用クリーナーや溶剤などは使用しないでください。
・ディスクは両面とも、鉛筆、ボールペン、油性ペンなどで文字や絵を描いたり、シールなどを貼付しないでください。
・ひび割れや変形、または接着剤で補修したディスクは危険ですから絶対に使用しないでください。
●保管上の注意
・直射日光の当たる場所や、高温・多湿の場所には保管しないでください。
・ディスクは使用後、元のケースに入れて保管してください。
※なお、このＣＤは権利者の許諾なく賃貸業に使用すること、個人的な範囲を超える使用目的で複製すること、またネットワーク等を通じてこのＣＤに収録された音を送信できる状態にすることは、著作権法で禁じられています。